*VIA* FOLIOS 62

# Italic Lessons

# *Lezioni italiche*

# Italic Lessons

An On-going Dialog

Piero Bassetti

with

Niccolò d'Aquino

Translated from the Italian by

Gail McDowell

BORDIGHERA PRESS

Library of Congress Control Number: 2010901837

*The following conversations first appeared in Italian in* America Oggi.

Printed in the United States.

Published by
BORDIGHERA PRESS
John D. Calandra Italian American Institute
25 West 43rd Street, 17th Floor
New York, NY 10036

VIA FOLIOS 62
ISBN 978-1-59954-014-6

TABLE OF CONTENTS

*Italic Lessons*

ix • Preface
by Anthony Julian Tamburri

1• Introduction
*From Globalization to Glocalization*
by Niccolò d'Aquino

7 • Chapter 1
*The Future Is Increasingly Glocal*

11 • Chapter 2
*Europe and the Italic Bridge*

15 • Chapter 3
*The Crisis in the Chief World Systems: An Italic Opportunity*

19 • Chapter 4
*Who Are These Italici, Really?*

24 • Chapter 5
*There's No Success Without Women*

29 • Chapter 6
*Meanwhile, Young People Have Already Caught On*

34 • Chapter 7
*In Search of New Governmentalism*

40 • Chapter 8
*Amoral Familism: How to Overcome an Old Problem*

45 • Chapter 9
*Rites and Symbols of a New Community*

50 • Chapter 10
*The Language of Dante and the Italic Language*

# INDICE

*Lezioni italiche*

61 • Prefazione
di Anthony Julian Tamburri

65 • Introduzione
*Dalla Globalizzazione Alla Glocalizzazione*
di Niccolò d'Aquino

71 • Capitolo 1
*Il Futuro Sarà Sempre Più Glocal*

75 • Capitolo 2
*L'Europa e Il "Ponte" Italico*

79 • Capitolo 3
*La Crisi Dei Massimi Sistemi: Un'opportunità Italica*

83 • Capitolo 4
*Ma Chi Sono Veramente Gli Italici?*

88 • Capitolo 5
*Senza Donne, Niente Successo*

93 • Capitolo 6
*Intanto, I Giovani Hanno Già Capito*

98 • Capitolo 7
*Alla Ricerca di Nuove Statualitá*

103 • Capitolo 8
*Familismo Amorale: Come Superare Un Vecchio Problema*

108 • Capitolo 9
*Riti e Simboli di Una Nuova Community*

113 • Capitolo 10
*La Lingua di Dante e La Lingua Italica*

## What We Can Learn

Anthony Julian Tamburri

In his previous publication, *Italici*,[1] Bassetti lays out his philosophy of *italicità* (Italianicity). In that book, we come to understand that "the Italic is a member of the vast network, or global aggregation, based on morals shared by a civilization," that the "Italico is a Post-Italian, a citizen of the world with a new identity. An identity that, based on regional origins more than national, flows between culture and a renewed interest in regional and ethnic characters" (63).

It is this recognition of a process, one that resonates ever so nicely with what we have seen articulated before, here in the United States: that "ethnic identities *constitute only a family of resemblances*, that ethnicity *cannot be reduced to identical sociological functions*, that ethnicity is *a process of inter-reference between two or more cultural traditions* (my emphasis)" and, I would add, between two or more generations of the same ethnic/racial group.[2] This new way of looking at things in Italy, something already implied, I would submit, in the mountainous work of the intellectual work produced by the Giovanni Agnelli Foundation/Centro Altreitalie, is now examined and underscored by this later intellectual generation that is represented by Piero Bassetti and his colleagues at Globus et Locus.

What Bassetti is, in fact, underscoring speaks directly to the concept

---

[1] *Italici: An Encounter with Piero Bassetti*. Paolino Accolla and Niccolò d'Aquino, eds. (New York: Bordighera, 2008); published in Italian as *Italici, incontro con Piero Bassetti* (Milan: Giampiero Casagrande Editore, 2008).

[2] Michael M. J. Fischer, "Ethnicity and the Post-Modern Arts of Memory," in *Writing Culture. The Poetics and Politics of Ethnography*. Edited by James Clifford and George E. Marcus (Berkeley; U of California P, 1986) 195.

that Italian and/or Italic identity is not based on some monolithic notion of what it means to be Italic, to use his term, which is surely the most adequate at this juncture in time. That while some may believe that this ethnic marker of the Italian/Italic may have its particularities with regard to a certain geo-cultural zone, the notion of Italicity cannot be "constructed as an internally coherent object of theoretical knowledge" and hence identity; that such a limited attempt at some sort of Italic categorization "cannot be resolved ... without an altogether positivist reductionism."[3]

This insistence on the monolithic, in fact, is one of the greater challenges of the Italian/American community.[4] Too many want to see Italian Americans as those cast from one mould—a fiction, for sure, as has been demonstrated by the more recent reaction to an intellectual presentation of a sub-culture of Italian America, which we can readily call the "guido" factor,[5] where a series of reactions from the self-ascribed spokespeople cried foul and, in some cases, either denied the existence of this sub-culture or, in ignoring the original intent of the colloquium, used it as a platform to jockey for positioning within the so-called "Italian-American community."[6]

---

[3] See Ahmad's response: "Jameson's Rhetoric of Otherness and the 'National Allegory'," *Social Text* 17 (1987): 4.

[4] For the use of the slash in place of the hyphen, see my *To Hyphenate or not to Hyphenate: the Italian/American Writer: Or, An Other American?* (Montreal: Guernica Editions, 1991).

[5] For a viewing of the colloquium, "*Guido: an Italian-American Youth Style,*" go to www.livestream.com/italics. See also Joey Skee (a.k.a. Joseph Sciorra), "Fear and (Self-) Loathing in Italian America: The Specter of the Gavon Haunts the *Prominenti,*" http:// www.i-italy.org/bloggers/13046/fear-and-self-loathing-italian-america.

[6] Again, I refer the reader to Joey Skee: "The script consists of specific verbal cues and symbolic language. One such cue involves the un-defined notion of 'community.' Anthropologist Micaela di Leonardo points out that 'community' is 'an ideological construct' meant to convey a unity of belief and interests about a network of individuals. There are voting blocks and there are consumers, but there is no one single 'community.' The fiction that is the 'Italian-American community' is a means for individuals to jockey for political power and social prestige."

If Piero Bassetti's notion of Italicity has any significance in this greater discourse of ethnicity—and I would submit that there are indeed many— it is precisely the non-monolithic base that is inherent in his concept of this "new form of shared and pluralistic experiences" (14). In the end, and as a global phenomenon, "Italicity is held together by a set of values, of traditions, of 'ways' of being, of looking at the world and dealing with it (40)." It is precisely these "'ways' of being" that, once we dig deep enough, we might finally realize function also on a [g]local level. For as Italicity figures indeed as that "mixture of communities which will no longer aggregate on the basis of old territorial criteria of borders that are decided by the State-Nation but rather on connections that go beyond geographical limits" (44), so too on a local level we should recognize a "mixture of [identities that can] no longer [presume to] aggregate on the basis of old ... criteria of borders that are decided by [the self-appointed few]." This is, to be sure, one of the most important lessons one can take away from Piero Bassetti's *Italic Lessons*.

*New York, February 2010*

*Introduction*

## From Globalization to Glocalization

### Niccolò d'Aquino

"I'll call you back in half an hour, I'm up in a tree right now." Hearing someone say goodbye on the phone like this is nothing less than perplexing. Because although the person on the other end of the line is an Olympic athlete, those particular Olympics were held in London back in 1948. But this is how Piero Bassetti still unwinds, even now that his eightieth birthday has come and gone. He is still thin and fit and whenever he has some free time—not much, for which his wife and friends are grateful, since they worry—he climbs one of the trees at his lovely villa in Lombardy to prune and tend to them. And we're not talking about saplings here, that would be too easy. These trees are intimidating, century-old, towering giants measuring 20 to 25 meters (65 to 82 feet) in height. Cosimo Piovasco di Rondò comes to mind, the *Baron in the Trees* who, through the imagination of Italo Calvino, spent his life atop pine trees and poplars in disdain of the rest of the earth-bound human race. As the years passed, the Baron became the wise man to whom the local people would come to hear the advice he dispensed as he sat on one of the lower branches of the trees. And for a while now, Bassetti, too, when he descends to the level of common mortals, has become a "grand elder" to be listened to. First it was about Italian entrepreneurial policy; nowadays it's about globalization.

But since we're dealing with a mind that is always ahead of the game, sometimes even too much so, it must be said that Bassetti already considers globalization a given, even if many people, including politicians and intellectuals, still haven't quite caught on yet. He's already talking about glocalization: "Think locally, act globally." Glocalization is the local and reassuring answer to a phenomenon—globalization—that frightens many people. In synthesis, the idea behind glocalization is that the local community is and has always been the basis of society, in every era. The interaction of individuals who are organized into increasingly large groups in a specific territory creates a group of "systems" that become "subsystems" when they are put into relation with more complex organizations. For example, the family is a subsystem of the neighborhood system, which is a subsystem of the city system, and so on. In short, glocalization begins its analysis with simple systems and moves up to the more complex sorts. If the micro-group is the basis of every society, this micro-group grows, it develops, it interacts with other groups that are increasingly macro until it becomes part of the complex, globalizing realities of today. All the while maintaining some of its local characteristics—cultural, economic and traditional—that make this inevitable merging into a gigantic system much less alarming. Globalization tout court, on the other hand, favors complex systems and by neglecting the implications of the subsystems it runs the risk of turning into a cold and despotic "regime."

Bassetti is convinced that throughout the course of history, successful social aggregations have always been created from the bottom up— starting at the foundation and spreading out as they rise—rather than being imposed from above. Thus, he sees glocalization as the only feasible path to follow.

His outlook is based on the early intuitions of sociologists such as Zygmunt Bauman and Roland Robertson and holds that the future (which is already almost the present) will belong to the global communities. With the progressive decline of the old, static and increasingly useless national borders, the world of the Third Millennium will be governed by a group of communities that are coming together along parameters that are entirely new, but which can already be discerned.

The list of these new parameters is growing consistently longer. It includes the aggregations of States which, after having clashed for generations in bloody and endless wars, are progressively renouncing consistent portions of their sovereignty and are merging into new realities like the European Union; political and/or economic alliances which are even broader than the EU, albeit less binding: NATO, ASEAN, the Union of African States, etc.; macro-regions, communities of economic interest based on territorial proximity—to use Europe as an example, not only do they transcend the old borders that were imposed for centuries by the Peace of Westphalia in 1648 but they are already going "beyond" the limits which the new aggregations would still like to impose (for example, millions of people whose economic and social destinies are increasingly intertwined move around, operate and interact in the Lombardy-Ticino region, even though this region officially belongs to two different nations, Italy and Switzerland); international associations and institutions which bring highly diverse people and interests into direct and daily contact.

Inevitably, these new parameters also make use of new and increasingly interconnected instruments that have become an indispensible part of our daily life. Internet. E-mail. The various social networks, from Facebook to Twitter, which bring people from all over the world into contact. YouTube, which can make everybody a potential web-journalist, is surpassing and pushing aside the traditional and once-powerful news networks. Cell phones. Text messages. As well as low-cost flights and high-velocity trains.

This whole new world of contacts, interaction, belonging and shared actions is held together by an international language, English. Despite the plans of the people who thought up Esperanto, a language that was too scientifically constructed to enter into the homes and text messages of normal people, English has proven to be the perfect answer to the needs of globalization. And of glocalization. Because British and

American English and its various local re-elaborations—Spanglish, Frenglish and so on—make possible a universal dialog that was once unthinkable.

All these parameters and instruments are increasingly making passports, traditional citizenship and rigid aggregations obsolete.

So what will happen to "tiny" Italy in this brand new world which, despite the reassurances, could effectively appear rather daunting?

Piero Bassetti isn't daunted. His answer/prediction is encapsulated in one word: Italicity. If we go beyond the borders and Mediterranean limits of the Italian peninsula, we find that the global—or better, the glocal—world has a network of people, interests and lifestyles that is generating a new aggregation. The Italic aggregation. This group includes the inhabitants of Italy, both passport-holding citizens and emigrants and their children—the so-called Generation 2 or G2—who have become Italian to all intents and purposes and who (assuming the battle will be won by the more farsighted political views which seem to be coming to the fore, albeit with difficulty) will eventually be granted citizenship, if serious and alarming social tension is to be avoided. This Italic group also includes immigrants of native ancestry and Italian speakers (from Canton Ticino, Dalmatia, the Republic of San Marino and so on). And—the truly new "added value" of Bassetti's philosophy—a network of people who neither have any Italians in their family tree nor an Italian spouse but who have embraced the Italian way of life out of enthusiasm or economic and professional interest. This process is taking place throughout the world thanks to the expansion of the Italian economy over the past decades and the widespread appreciation of a culture and "style" that are truly unique. Connoisseurs of Italian art; workers and entrepreneurs whose core business revolves around commerce and activities that are closely tied to Italian companies and business; aficionados of Italian fashion and cuisine; the entrenched network of people involved in the world and activities of the Catholic

Church and the Vatican who either communicate directly in Italian or at least know how to speak the language; all the way to the world of sports, whose stars—soccer players, racecar drivers and the like—speak the language of Dante and speak it well.

As Bassetti already pointed out in the series of interviews which led to the 2008 publication of *Italici* (Casagrande Editore and, in the English version, Bordighera Press), this new aggregation adds up to a tidy sum, far more than the 57-plus million passport-carrying Italians living in Italy and the few million Italians living abroad who are officially registered with AIRE, the Italian Foreign Ministry's registry of Italian citizens abroad. Even the most conservative estimates calculate a network of at least 250 million people. A network with terminals in every corner of the planet. This changes the perspective and shows that Italy has a future on the international chess board of the Third Millennium. As long as it is understood that we must "go beyond," that we must make the next step and leave behind an obsolete and restrictive vision that relegates the nation invented by Cavour, Mazzini and Garibaldi inside borders which are destined to become increasingly ephemeral and meaningless.

Bassetti has no doubts. His favorite slogan is "Make the improbable come true." He did so in the 1960s when he became the first president of the Lombardy Region, just when the founding of the regions—which was a harbinger of the present, much-discussed federalist ferment—seemed like a bizarre idea or a multiplication of political bureaucracy. He did so in the early '90s when, amidst widespread skepticism, he put the Italian Chambers of Commerce abroad online. Until then they had been a collection of isolated organizations; by putting them in contact with each other and encouraging dialog, he created a dynamic, international economic and commercial structure. And he did so when he overcame resistance and protests yet again and was the first to propose the idea that Italian emigration was, in fact, a diaspora. Today, this term and the concept behind it are widely accepted by insiders.

Thus, the Italic network will become a reality. Piero Bassetti "explains how" in these interviews. And this brings us back to Italo Calvino. His book *Lezioni americane* (*American Lessons*) was based on "six proposals for the next millennium" which the author had formulated in 1985; with a group of Harvard students as his audience, he expounded on the "various transformations appearing before his eyes." Piero Bassetti's *Italic Lessons* number ten in all; they are the result of ten long conversations he held with the author of this preface. And once again, American readers were chosen to be the first audience: the readers of *America Oggi*, the daily newspaper of Italians living on the East Coast of the United States. Because America is without a doubt a fundamental link in the creation and development of Italic glocalism. Not by chance, the most important newspaper of the Italian diaspora received Bassetti's intuitions with interest and Stefano Vaccara published the ten interviews in *Oggi 7*, the newspaper's Sunday supplement which he edits.

In short, even though Bassetti's philosophy is complex and highly structured, as illustrated by these ten interviews, his message is simple. If the Italic network gets a sense of its own existence and value (something other networks of communities like the Anglo-Saxon, Hispanic, Chinese or Jewish communities have already done or are in the process of doing), if its members—most of whom are still unaware they belong to it—establish relations (which are to a certain extent already in place or are in the process of being formed) with each other, then the Italic future will become a reality. Otherwise, the history books of future generations might dedicate only a short chapter and a few footnotes to the topic "Italy."

*Chapter 1*

## The Future Is Increasingly Glocal

**In the upcoming interviews, we will deal with very different topics of both Italian and international interest. From an Italic point of view. Let's explain right away what the objective is, the sense and the "measure" of these conversations and analyses which we will be conducting on a regular basis.**

With the Globus et Locus think tank and the input of other organizations and initiatives, we would like to bring together the community of Italici. Or rather, that cultural, literary, artistic, economic, political, entrepreneurial and social network which unites the most diverse people on the five continents. These people, often unbeknownst to themselves, share values, lifestyles and models of the Italian way of life, which the expansion of the Italian economy has spread throughout the world in recent decades, despite the present international crisis. It is a mixture of people of Italian extraction, Italian speakers, Italophiles and even people who, although they don't have a drop of Italian blood in their veins, identify with and are partial to those above-mentioned values and style.

***America Oggi*, besides being the most widely-read Italian language daily newspaper abroad, is also the newspaper of Italians who live in the United States and in particular on the East Coast. Sometimes these Italians have dual citizenship but, in any case, they are convinced of their Italianity. The concept of Italicity is without a doubt a "step further."**

But it is a necessary and inevitable step. In the era of globalization, transnational aggregations are primarily created through that formidable and by now omnipresent instrument, the Web: Internet, blogs, forums, chats and the like. Although it does not have a long and vast network like the Web's, a daily like *America Oggi*, which also has a multimedia interface, is nevertheless an important point of observation and communication. Because it works from key locations like the United States and New York. Its readers are used to being considered Italians or former Italians, or better, as the bearers of dual loyalties. What we want people to understand is that their future is, in fact, Italic. On the one hand, this is limitative because—it's true—it is a type of belonging that is less complex, more generic and superficial. But on the other hand, it is more widespread and stimulating because it is a global belonging. And I repeat, like it or not, this is the future. The Italians of America, just like those living on other continents, must understand that they will have to rethink their cultural and affective "positioning." They can no longer be only Italo-Americans or Italo-French or Italo-Canadians or Italo-Australians, etc., dealing and comparing themselves —sometimes critically—with Italy. The new relationship will perforce become broader through the network of Italici.

**But in this political season there seems to be a resurgence of national localisms for various reasons, including the fear of an "invasion" of emigrants A true closure to new ideas, a "no" to any kind of "opening up."**

This is correct. And it is a problem. Which we, as Europeans, have already surmounted or are surmounting, since we have become a part of the Union. Naturally, the concept of the European Union is still hard to understand for those people who aren't directly involved in it. Henry Kissinger was right when he told us, "First of all you Europeans have to give yourselves a telephone number." Which means: you have to create a visible, physical reality for yourselves. However, he is right from his American point of view. The United States was created by a military and economic revolution that put an end to its colonization and gave life to a new, independent and democratic reality. But we Europeans have chosen the route of peaceful aggregation, starting with monetary unification. And this same peaceful route must be followed by the network of Italici. All together, there are roughly 250 million Italici, far more than the 50 million Italians in Italy and the few million Italians abroad who are officially registered with AIRE (Anagrafe degli Italiani Residenti all'Estero—Registry of Italian Citizens Abroad).

**Yet how can you convince an Italian living abroad to go beyond the schema he is accustomed to and which, for simplicity's sake, we could define as the "two homelands"?**

To use America as an example, until now the dilemma was: "Are we Americans or are we Italians in America?" Literature is full of novels revolving around this quandary. Glocalization, or rather, experiencing globalization without losing local centrality, has knocked down this final barrier. Until now, the alternative was choosing just one of the two loyalties. The Italians of Italy, for example, have never understood that it is wrong to ask Italians in America or in other countries to confirm that they belong to just one country, Italy. We must understand that all of us are citizens of the world. Citizens with Italic "qualities" who, in this case, live in the United States and experience this condition with serenity. In the awareness that glocality not only doesn't make multiple loyalties problematic or even dramatic; it rewards them.

**In short, the melting pot isn't enough anymore.**

Exactly. Today, societies which found their strength and developed through the melting pot are faced with a new challenge; the melting pot must now help construct a new world, a glocal world. We must understand that—without taking anything away from the respective traditions and loyalties of our origins—it will become increasingly anomalous to "serve" just one nation. This is the complex process we Europeans are involved in regarding a united Europe. We are the bearers of a universalism, which, in a glocalized world, can achieve much more than what individual nations have attempted to do so far within the international context. And Italians, even though they are proud of their original nationality, have this spirit in their blood. One example today is the managing director of Fiat, Sergio Marchionne, an Italian from Canada who holds three passports, including a Swiss one. And he sees no difficulty in considering Fiat Italian or American or European. And rightly so.

*Chapter 2*

## EUROPE AND THE ITALIC BRIDGE

**There is one particularly glaring contradiction in this increasingly globalized world. Europeans are voting less and less for Europe. At each new election the percentage of people who abstain from voting is increasing. And yet, a united Europe, an ambitious program that peacefully brought together nations which for centuries had fought against each other, should truly be a winning example of globalization. How do you explain this absenteeism and decline in voter turnout?**

You journalists have the shortcoming of stopping at the "headlines," you are attracted by appearances. Instead, you must learn to make a distinction and look beyond. The apparent disaffection of European voters with the act of voting doesn't change the facts. And these facts, much more than the voting, are involving Europeans in the EU. For instance, the June 2009 elections were the first to be expanded to 27 countries with the inclusion of the newest member States. Thus, a certain confusion, a slow startup, is comprehensible. But the very inclusion of these new "Community" Europeans makes me say that, under certain aspects, Europe "isn't made" but rather, it "becomes bigger by itself," inevitably. Maybe it isn't completely clear yet—and this, too, is something the media should clarify—but Europe is wrapping itself closer and closer around us. By now, between 50% and 70% of the activities of the national Parliaments of the Union involve implementing and carrying out European norms.

**And yet, even if we put aside newspapers and radio and television broadcasts, there is a widespread impression that the average Euro-**

pean citizen isn't very interested. Many non-European observers also share this opinion.

Americans, for example. In the United States, they tend to say that Europe doesn't exist. This is even the opinion of well-read intellectuals, analysts and politicians, people from whom one would expect a more pondered judgment. The idea is that except for the single currency—which immediately became a stronger currency than the dollar and an international reference point, which is food for thought—there is no Europe. Because it doesn't have a shared foreign or defense policy. There is some truth in this, mind you. But we will get there, it's simply a lengthy process. However, the objection that interests us here regards voter disaffection. There is low voter turnout even in the United States, the leading country in the West. Even Obama, although he convinced many previously disinterested voters to cast a vote for the first time, was elected by a minority. But there are signals that Europe actually is making its way into the subconscious of Europeans.

**But voting is the highpoint of democracy. And it's true that voter turnout is decreasing everywhere. For example, voter turnouts of 80% or higher are a thing of the past in Italy. The average varies between 60% and 70%, when things go well.**

Democracy is complicated. But, without repeating Churchill's famous quip about democracy being imperfect but all other forms of government being worse, it would be a mistake not to recognize that the process of "continentalization" has begun and that it cannot be stopped. To limit oneself to the well-known judgment that blames voter disaffection on the scant legitimation of the Community institutions means not placing the question in the much broader context of the exceptional nature of the current international process. It's true that the general economic crisis might have given the impression of fragility in the European supranational system of integration, making people think that initiatives to limit the repercussions of the crisis were remitted to the individual governments. But this is not the case. The role of the European Central Bank, for instance, has become indispensable and is increasingly overshadowing that of the individual Central Banks. Getting back to Churchill, I find it interesting that European politologists are beginning to believe that, as Ulrich Beck, a German sociologist and author and a professor of sociology at the Ludwig-Maximilians-Universität in Munich, recently wrote: "to refound Europe we need a new Churchill." Because otherwise: "Each nation, on its own, is condemned to global insignificance."

**Which brings us to glocalization, or rather, experiencing globalization without losing local centrality. Isn't voter disaffection a sign of closure—or fear—of local communities against an expansion they view as excessive?**

Apart from episodes of ethno-phobia and more or less veiled racism, which are glaring in media terms but minor in terms of real numbers, glocalization is the process that is leading to the birth of a new, stronger concept of Europe. In the logic of a glocal process, Brussels must invest in the prospect of hooking onto the political action of Community institutions. In this way, it would offer a long-term answer to what, otherwise, could simplistically be seen as an unexpected revival of the national States. After all, even the Northern League, which is apparently so firmly anti-European, ends up referring to Brussels. Interior Minister Roberto Maroni, who belongs to the Northern League, asked Europe to help Italy turn away illegal immigrants. In short, moods are one thing. Facts are another.

**And the Italici? How do they view Europe?**

They should reflect on what is happening in the Union. This is a great opportunity for them, perhaps more so than for others. Their history, their widespread presence all over the world, has placed them in a better position than other communities to choose and indicate their transnational loyalties. But they must become more aware of who they are and what they represent, in Europe and throughout the world. Inside the European Union, Italicity could be a bridge between different and distinct civilizations thanks to the aperture, the difference and the pluralism of its loyalties. These values are closely linked to the specificity of Italian history, which is a history of cities, of local identities, of weak and belated unitary national statehood. I think it could be useful to reflect on how the various identities of Europe, including the Italic identity, can offer their specific contribution, dialog and confront each other through reciprocal awareness and recognition.

**In short, a new way to experience the politics of a united Europe?**

Yes. We must fight to keep this attention from becoming instrumental to purely national political interests, such as gaining a pool of votes for national elections. The question we must ask ourselves is, within the framework of continent-wide politics, what role can Italici play? Without a doubt, they can become the ambassadors of Italian taste and tradition, in culture, society, customs and, why not, even cuisine. But they should also become the flag bearers of multiple loyalties since Italici have traveled the world and have settled in the four corners of the Earth and, thus, have collected many different loyalties. So then, why not think of Italicity as a new form of shared and pluralistic experiences that is to be held up as an example to other European populations who are on the threshold of becoming truly European?

*Chapter 3*

## THE CRISIS IN THE CHIEF WORLD SYSTEMS: AN ITALIC OPPORTUNITY

**As always, the G8 is filling the political, economic and editorial pages of the newspapers. But each time, the meeting seems unable to dispel the feeling that it is just a parade of the "usual" people in power. That the real problems are very different and that they aren't being dealt with.**

Of course! Since they are institutions, the G8 and all the other G's tend to exist and provide answers within their constituting parameters. But they transcend the real problems which affect normal people: pollution, $CO_2$, energy, global warming, migrations, communications, mobility, employment. In an effort to modernize themselves, these institutions tend to invent new ways of interrelating: increasingly less autonomy, increasingly more agreements. The various G's—thus, not only the G8 (America and the West) but also the G20 (America and developed nations) or the G2 (America and China)—are the expression of this effort. Mind you, this is a positive factor, per se. But the real request is that they deal with the people. And the States approach the new integrations generated by globalization in different ways; they tend to favor diplomacy, formal agreements. But the people, on the other hand, want to create new identities; if they have one that unites them above and beyond national flags, as in the case of Italicity or Italo-Americanism, that's what they use.

**Supranational institutions, therefore. That are already démodé or at the least are struggling and losing touch with their constituencies. How can this breach be healed?**

Through glocalization. Which means, knowing how to experience globalization on a local level. Which means, the end of borders and their role, a new way to organize political relationships between institutions and individuals. Or rather, the creation of new political subjects, new polis, new ways to face the present world order and its problems of space, the environment, cohabitation, cities, the mobility of information in the new dimension of the Web. Basically, glocalization doesn't only affect the relationship between countries; it also directly affects the new populations, Anglo-Saxons, Europeans, Asians, etc.

**So then, how can the populations—as you call them—profit from the G8 or the other G's and understand how they are conducted?**

First of all by understanding that the G's are a way to attempt to survive the impact of this glocalization which is knocking down borders, creating new dimensions of polis and new ways to deal with problems, going beyond the old diplomatic tradition of formal international relations. Each G is an attempt to span the national and the metanational dimensions.

**And where is the advantage for Italians?**

For us, the G8 could be viewed as an opportunity to affirm our role. And this is what we hope our government will manage to do. But it's also a chance to put a seal on the integration of Europe and the West. And to help find solutions to global problems. For example, we could see if the G8 could help us prepare to form a common front with Russia to respond to China's "requests." Or, we could decide to use this G as an instrument to prepare ourselves to take on the growing economic and commercial power of emerging nations like India or Brazil. What I want to say is that it depends on us; we can either give "instant" or more long-term answers.

**But some people say that these are the last G8 meetings for France and Italy, which will soon be substituted by Brazil and India. Or, at the least, the G8 will become less important than the broader G20.**

The second prediction is true. In fact, the G8 is already obsolete. But this is the difference between the way the media sees things—and aims at simplifications like this—and the way, for example, that we see them at the Globus et Locus think tank. The big question is, are we facing a crisis *within* the system or a crisis *of* the system? The answer is that we are facing a crisis *of* the system. Take a look at the recent international economic crisis; all the blame cannot be put on the banks, unscrupulous financiers or the mega-bonuses of managers. The question is political, it is a call for new regulations. The problem isn't *in* capitalism but rather *of* capitalism and of the need for a new world order. After all, the chancelleries are all working outside the G8 schema already. But the entire G apparatus is in a state of crisis.

**But what should they be substituted with?**

With a new mixture of functional organizations; with a network of regulations that are produced by the International Monetary Fund, the WTO and the World Bank, as well as by the Federal Reserve, the European Central Bank and national banks. And with regulations that are created by institutions headquartered in the territory: states, regions, the EU or ASEAN. In collaboration with the big ad hoc agencies for energy resources, CO2 and other topics. Plus new forms of interstate relations, of which the UN was, utopically, the first intuition.

**Precisely, the United Nations. Until now, despite the fact that most of its resolutions are ignored, it is always the Assembly to which the major international questions are brought. What destiny do you foresee for the UN in this new order?**

In an initial phase, Globus et Locus became part of the UN mechanism, with its Staff College. My belief is that, for now, the UN will remain because transformations aren't made by canceling the existing but by creating something new. It will serve as the court of justice in which problems like pandemics or maritime law will be dealt with. In short, it will be a place in which all the national States will proceed according to the mechanism of Westphalia (the peace treaty that was signed in 1648 and inaugurated a new international order). A system in which the States recognize each other solely as sovereign States. The UN will be the highest expression of this type of relationship. But all the new expressions and needs of the era of glocalization are now arising. They are being generated from below and will have to find answers outside the UN as well as inside it.

**Therefore, both the institutions and the people will have to adapt themselves?**

Yes. And to get back to Italians, the question will be, do we become Europeans or do we become Italici? Both. We are already becoming Europeans. Even though we found the European passport in our pocket. Whereas, for example, the Swiss fought for centuries for theirs. It's up to us to figure out how to become Italici.

*Chapter 4*

## WHO ARE THESE ITALICI, REALLY?

**By now I understand what you mean by Italicity as a global progression of Italianity. And I hope we have also managed to make it clear to our readers. Are there already leading figures of Italicity?**

One exemplary name immediately comes to mind: Sergio Marchionne, the managing director of Fiat. He was born in Italy but grew up in Canada and was enduringly educated in what I would call an Anglo-international mentality. What should he be considered? Simply an Italian living abroad who is managing an Italian company at the moment? Or a North American of Italian extraction who saved a company that had been given up for lost by applying a type of Anglo-Saxon expertise that was unheard of in Italy? Or, rather, isn't he a typical example of an "Italico," that new figure which Italian politics and its intelligentsia have yet to fathom, someone who—without repudiating his own experience—reasons in global terms and, personally, wouldn't have any problem transferring Fiat to Detroit? At least half of the leading figures of Italicity are people just like Marchionne. And to give another example, I think there are also many among the readers of *America Oggi*.

**But at the same time, in Italy—and in truth elsewhere as well—there is an upswing of movements, parties and ideas which, sometimes in anti-globalistic terms, tend to reinforce the local realities, to defensively close themselves off from the contamination of increasing migration. For the first time, the Northern League, which for years was the sole expression of this trend, might be flanked by a Southern League.**

Which seems to be a photocopy of the Northern League. It is no coincidence that this ferment can be registered above all in Sicily, which has an important political tradition of its own that is centered on an objective denial of the Risorgimento, of the Piedmontese occupation. Many Italians, above all in the South, who emigrated did so for economic reasons but also, perhaps without admitting it even to themselves, in protest of a model of Italianity which had been imposed from above. One could say that History, implacably, is now presenting the bill, one hundred years later. This is what I anticipated in *L'Italia si è rotta* (*Italy is Broken*, or also *Italy is Fed Up*), a book I wrote in 1995. Today, people like the "governor" of Sicily, Raffaele Lombardo, and his project for a Southern League is initiating this very process.

**Is this a positive factor?**

I can understand how people could have their doubts. For example, Americo-Italians, who until now have been used to looking at Italy in one particular way, could think—like other people of Italian origin who live abroad—that it is a break, a traumatic fracture, with the past. But I think that there are a few positive signs. And I will immediately explain this by mentioning the subtitle of that 1995 book of mine, "For a European federalism." Because now that the old schemata are coming to an end, as are the borders and the ideologisms which have been the foundation of European history over the past centuries, the new challenge for all of us Europeans is to construct a European dimension. Some people are beginning to understand this. I recently had a meeting with the President of the Republic, Giorgio Napolitano, and discovered that he, too, likes the idea very much. And it is a challenge that also interests Americo-Europeans.

**In what sense? Isn't it a question that pertains to Italy or, at the most, to Europe?**

If we are to find—and we must succeed in doing so—a new equilibrium, including a cultural and social equilibrium, between the legacy of

European history and the legacy of American history, it must be sought in a dialog between Europe and America. But this dialog cannot be left up to the single nations. Because it is unthinkable that this relationship, on Europe's side, should be parsed in 27 different ways, one for every country that makes up the Union. After all, if we consider Americo-Italians, we see that they experienced the construction of the United States in different ways, but that these ways were also similar under certain aspects. They brought their own specificity, as did the Americo-Irish, the Americo-Polish and so on, but always, deep down, they also brought their Europeanness.

**And this has something to do with what is going on in Italy?**

If what is going on in Italy were the prelude to a serious and rapid adjustment to the challenges of glocalism—which postulates that the "loci" of politics, social policy, the economy and culture can no longer be the national States, but rather sub-national areas—and if this articulation were aimed at constructing a federal Europe according to a Swiss model, well then we could view phenomena like the Northern League in a different way. Understanding why it is "wrong" even though there is something right in its motivations.

**Just where is the League "wrong?"**

Because it proposes Padanism according to regressive and defensive parameters. Whereas it should do so in a spirit of progressivism.

**And doesn't an eventual Southern League risk starting off on the wrong foot because of this Northern model?**

Let's say that we don't need a Party of the South that was only created as a lobby to put pressure on the central government in Rome. Whose aim is to make sure that Rome continues to be a go-between, for example, in transferring money and financing from the North to the

South. Instead, they must find their strong points, like the Renaissance, which had created important cities and realities such as Naples and Sicily. Today, these factors are being re-proposed in a new way.

**But couldn't a Southern movement end up magnifying and consolidating some of the negative aspects of the South?**

You're thinking about the Mafia, aren't you? I recommend you re-read *The Leopard* by Tomasi di Lampedusa. It makes it clear that a great contribution to the development of the Mafia didn't come from within but from local reaction to the Piedmontese occupation.

**And what interest could America have in this kind of relations with Europe?**

First of all, Europe should make positive use of the relations between Sicily and the East Coast of the United States, between Ireland and large areas of the United States. We are faced with a highly interesting geopolitical situation, a predestined future. In which the role of the Americo-Italians will become central. Both as confirmation of what has been acquired over the past one hundred years and in the revision and creation of new values. At first glance, some of these values might appear only formal. Take, for example, the discussion we have begun with the *i-Italy* study group for a "revision" of Columbus Day, which, without denying tradition and the past, could be updated within the new reality of glocalization. The arrival of Italians on Ellis Island must be reread in a modern key. Just like Columbus' voyage must be reread. His discovery generated very different things in the United States—without a doubt thanks to the English (nobody denies this)—compared to what happened in Latin America, where the Spanish conquistadores behaved differently. And not by chance Columbus is less popular in Latin America.

**Let's get back to the Americo-Italians. What is their view of Italy just now?**

I'll tell you what I think and I know I might be misunderstood. Italy is a country with lots of problems. But all these problems are what I define as historically "right;" there is a reason for them. But each and every one of them is full of future. For example—and here I would truly like to be understood—our Prime Minister, who I am certainly not praising, sensed twenty years ago that the power of politics had passed to the media. He became the head of the government through this intuition. As the head of the government he understood that this position doesn't count for much, what counts is to make people like him. Then he understood that the time for national States is over. From this point of view, when Italy reveals some of its potential fractures it is actually showing that it is a modern country. Whereas France, which insists on its monolithic unity, isn't. Then he understood that ideological parties are over, thus the birth of the Northern League and now the attempt to create the Southern League. And finally, he doesn't view Europe as an end to strive for but as a transitory instrument leading to the construction of the new world order. I know, these are projections (which we, too, made at Globus et Locus, albeit in a different way), which under certain aspects could throw people off. But we are seeing them in the facts. Italy was the catalyst on an international level for some of the best periods in our history, starting with the Renaissance. And it has filled the world with Italian design, with the optimistic and positive vision of living according to the Italian way of life. If it is able to do so it is because it is modern, in a way that not everybody understands.

*Chapter 5*

## There's No Success Without Women

**Let's talk about women. Otherwise, the way we have talked about Italici until now could give the impression that the protagonists of this "gens nova" are primarily men.**

And instead it's not that way at all. Women are the driving force of the central and founding nucleus of each and every type of social system: the family. And they carry out this role both as increasingly emerging protagonists, like in the West, and as subjugated citizens at the whim of males and of a male-centric mechanism which in the Third World, as well as in a large portion of the Old World, keeps them (or thinks they keep them) in a position of inferiority. But actually, in both cases, everything depends on women. I am convinced of this and in fact we are about to integrate the activities of Globus et Locus with those of the *Centro Altreitalie* of the Giovanni Agnelli Foundation. This Center is directed by Maddalena Tirabassi and over the years it has developed and carried out in-depth research on the topic of Italian migrations, including women's migration in particular. This research has also involved top Americo-Italian scholars, like the historian Donna Gabaccia, who has written numerous essays about the migratory phenomenon. Our collaboration has brought to light the importance of women in guiding the social, cultural and economic transformations that are caused by migration and, at the same time, their role in defending and maintaining traditions.

**But aren't those two moments contradictory?**

On the contrary. When people talk about migrants they instinctively think in masculine terms. In the past, they think of the men who disembarked on Ellis Island alone or, maybe, accompanied by their wives in the background. And today, when we see the boatfuls of desperate people washing up on the beaches of the island of Lampedusa, trying to get into Italy and the "rich" Europe, we think of the men. There are women on these boats as well but they don't "make headlines" if they are alone, only if they are mothers accompanied by one or more children. The mass media are the first to make this mistake. Instead, women have been, and still are, fundamental in a global process that is much more complex. They are the ones who made it possible for the men who emigrated, for example to the Americas, to become American while maintaining in their cultural background a large portion of the values—embodied in part in their traditions—of their country and culture of provenance. And this is all the truer in a civilization such as that of the Italici which, as an offshoot of Italian culture, is in fact a bit matriarchal. Let's not forget a decisive figure like the "resdora" (a housewife who runs every aspect of the household) who, with various names and nuances, is present in every farming community, particularly in the Center-North of Italy. And in Italian communities abroad, the role of women as "administrators of the family legacy" is fairly widespread.

**Does this changing relationship between man and woman also involve emigration and, more in general, emigration's integration with globalization?**

Yes. And in this case as well, it's up to the mass media to help people understand this. Take, for example, a newspaper like *America Oggi*, which is publishing this interview. It must be aware that the protagonists, if there will be any, of the construction of Italicity and the perfect Americo-Italian integration most probably are and increasingly will be women. They were during the Ellis Island emigration. They will be in the new emigration that will bring about the birth of new populations, new aggregations like the Italici. When people reflect on this, for the most part they tend to make male-oriented considerations. The picture that is painted is, more or less, the following: the migrant, if he survives the adventure of entering the "rich" country, first works as an illegal alien harvesting tomatoes in some field in the South; then, maybe, he manages to make a quality leap and find a job with a cleaning company up North; finally, he starts his own small business and registers at the local Chamber of Commerce. And thus, what is systematically neglected is the problem of the women, whether they are accompanying men or are on their own. For instance, just think about the army of care providers who look after the old people in the West whose children don't have the time or interest to care for them. Instead, consider Italian emigration to America; women were the true protagonists—cultural and psychological—of managing integration into the new society.

**In short, to ignore women means not understanding how society evolves. Above all in this season of relentless mobility.**

And the Americo-Italians are the ones who have to reflect on this. Because there is no doubt that the "trajectory" of Italian women in America is very different from that followed by Italian women in Italy. If there is one category of Italici who can teach Italians how to face immigration, mobility and adaptation, it's the Americo-Italians. Starting with the women. No one is better entitled to teach people, families, students, young people, workers, scholars of civil rights and right to counsel about the challenges of glocalization. Ironically, mobility increases the importance of women in adapting to societies in which multiple loyalties are increasingly important. You won't get anywhere by only listening to the experiences and reflections of men. Maybe one of the reasons capitalism is undergoing the present crisis is in part because it is a type of capitalism that was made by men, for men. I don't think women would have created it this same way. In America, to give you a small example, in moments of economic crisis, women of Italian origin have been willing to give up their dowry, which was considered a contractual cornerstone.

In moments of crisis, as Maddalena Tirabassi says, it's the women who maintain the family. And by doing so, they safeguard and transmit traditions, including the not unimportant culinary tradition. But, at the same time, they know how to adapt to new situations, to modernize themselves.

**How?**

Think about religion. In America, women abandon the superstitious vision of religion. It's the women who change the old schema, that is present not only in southern Italy, of women who go to church while the menfolk stay outside in the church square or at the café. Or think about politics: women have evolved from the role of active or passive protagonists of the old concept of charity, to the concept of active or passive protagonists of the much more important politics of welfare. Or think about art: female artists and actresses have played an important role in emigration. In short, women are the driving force of adapting tradition to innovation.

**Don't you think that women are also partly negatively responsible in their undisputed role as the driving force and safe keepers of the values of tradition? To cite one example, by now it is well known that in the Mafia, men are given the apparently more active duties but it's the women who oversee the running of the Family, who ensure the safeguarding of the old rules and values which, right or wrong, are held to be traditional.**

Maddalena Tirabassi recently reminded me that in *The Godfather*, the woman are fully inserted into the logic of the Family with a capital F. But I'll answer your question by starting a bit further back in time. I think, and I'm not the only one to do so, that the Mafia and, in general, organized crime is—or has—a technology for organizing power which, like it or not, is tragically more efficient than the liberal democratic

State and the State of law. The liberal juridical system with which we grew up is in great difficulty in a glocalized society that is founded on the presence of the mass media. I hate to say it but, alas, "amoral familism" is too often a winner. I am sadly convinced of this. I'll tell you something else, which I want to make very clear. Just like the Chinese and other populations with high peaks of emigration, when Italians emigrated to the United States they gave women much more power, even within the "Mafioso" system, than does the formal code of American democracy, even though it is the most advanced in the world. But, to look at it in a positive light, this is another one of the challenges awaiting us: how to manage the conjunction of the anthropological and cultural tradition of the Anglo-Saxon, Protestant world and that of the Italici. How to find a way to avoid falling into "Mafia-style behavior," to be precise. But also how to avoid constructing a new model that might be the future and modern but which, once again, risks being chauvinistic.

*Chapter 6*

## MEANWHILE, YOUNG PEOPLE HAVE ALREADY CAUGHT ON

**Until now, we have talked about glocalization and Italicity by high-lighting their peculiarities and mentioning some of their protago-nists, from politicians to women. But I think that young people, more than any others, are the category that is most involved. Because this is their future and it might already be their present.**

Yes, it's true. We have seen that glocalism, this new reality made of global spaces parsed in a local framework, has changed the way relation-ships are established. They are no longer, or are to a lesser degree, terri-torial or simply localized within traditional geographical areas. We know that this is due to the enormous, capillary influence of informaion and communications technology. It goes everywhere, influencing, and in certain cases, homogenizing habits, customs and existential choices. This is particularly true for young people, who use this technology with greater ease and efficiency than adults do. To them, this isn't informa-tional decay: they go online to "be there." Thus, the choices young people make are important because they are choosing at an age in which they are still being schooled and because they will be the next adults; they will be responsible for the harmonious development of society. For young people in particular, the context of reference today is the global world. The international network of friends that a young person can create nowadays—with study programs like Erasmus, with low-cost travel but even simply by navigating online and using e–mail, chats, blogs or Skype video calls—is something amazing.

**And is the so-called "adult" world able to satisfy them?**

It's going to have to. And the process has already partly begun. Just think about associations for young people, Church-run after-school activities, Scouts, sports groups. This system has without a doubt renewed itself and offers opportunities abroad: international meetings, races, and encounters that take place in faraway countries. And an institution like the Church has understood this: the Pope participates at the World Youth Days; the last one was held in Australia and brought together thousands of young people from all over the world. It's a global movement in continuous growth; it still needs fine-tuning and various youth organizations should be reorganized. Because their members are the first to overturn the present structures; they ask that the organizations be more flexible and find new ways to bring people together. Otherwise, young people might stop joining because they think the organizations are no longer able to adapt to their needs. Globalization is unstoppable. For example, even the source of entertainment that brings together and distinguishes young people on every continent is global. To the point that many analysts define a glocal society as a society that provides not only services but also entertainment, the so-called *infotainment*.

**But it seems to me that even if young people have easily assimilated these new instruments, they nevertheless do have difficulties. Not so much inter-relating in a glocal world as in being locked up or filed away in realities and parameters that are nevertheless much broader and freer than the ones the preceding generation grew up in. Even Italicity, which means going beyond Italianity, might be too close a fit. In short, young people have already gone beyond a national identity; aren't they aiming at going beyond metanational identities or multiple loyalties like Italicity as well?**

This, too, is true. I'm convinced that young people are following this trend. But, at the same time, I'm also seeing the opposite trend in them, which lies in the logic of glocalism. Let me explain. Today's young people are aiming for total cosmopolitanism but often for total localism as well. They feel the sense of borders less and less but we often see them behaving in a way which, in the end, defends "small is good," what they consider their territory. Even the act of taking refuge to the bitter end in their family of origin—like the Mamma's boys the former Minister of the Economy, Tommaso Padoa Schioppa mentioned—is a type of defense mechanism against stressful cosmopolitanism. Young people manifest various defensive reactions, such as a refusal of others and of people who are different, varying degrees of voluntary ghettoization in youth gangs, acts of racism, etc.

**And how does one escape this trend?**

First of all by understanding what cosmopolitanism is. As the German sociologist Ulrich Beck says in his book *La società cosmopolita* (*The Cosmopolitan Society*), it is a "sense of the world, a sense of no borders, a daily, vigil look at history, reflective." A look that "is born in a context in which borders and cultural distinctions and contradistinctions disappear. It doesn't only show the lacerations but also the possibility of organizing one's own life and cohabitating in a multiethnic cultural framework."

**Exactly, "lacerations." Isn't there the risk that young people in the globalized world, or even in its glocal version, might find themselves with a lacerated identity?**

Globality, and everything it implies, might scare young people, certainly. Above all if they lack that specific cosmopolitan sense Beck described. Or if they don't recognize themselves in that series of multiple loyalties which another scholar, the Nobel prize winner Amartya Sen, mentioned (I am Italian, but also Italic, or American or European) and which implies tolerance, a climate of reciprocity and an absence of aggressive cultural policy. Young people must overcome—and be helped to overcome—reactions of incomprehension which might and do arise from the encounter-clash with different ways of life and civilizations that they find outside their front door and are caused by emigration, for example. But there are even more prosaic examples. If a particular brand brings young people in contact with other people their own age throughout the world, the ensuing right-obligation to learn English, the global language par excellence in the real and in the virtual world, might spark both curiosity and fear.

**But many young people disagree with this vision, including that of the predominance of the English language. They fear that globalization means homogenization, with the resulting loss of their traditional values.**

Social life is enriched by diversity and comparison. I am firmly convinced of this. But this doesn't mean that a global society must result in total integration; I hope that will never happen. I, too, would be afraid of a single, indistinguishable whole and it would also be objectively difficult to accomplish. My idea is something else. Take, for example, the G2, the talks between the USA and China which worries the other international partners. I'm sure that the world of the future will revolve around the dialectic between America and China and, more in general, between the West and the East. But it won't result in a "bungle." If anything, the two ways of thinking will integrate with each other in reciprocal exchange and dialectic.

**But in this new global or even only bipolar system, doesn't a project like Italicity risk being trampled down or not appealing to young people?**

Yes, this danger does exist. But we have to strive to make young people realize that they cannot abandon their search for identity and loyalties. And if they can be convinced that the old national and nationalistic loyalties are outdated then they will have to find that new loyalty which brings them closer to cosmopolitanism. Above and beyond the localistic loyalty which I think they are already searching for, perhaps even too much so. And Italicity is the answer that leads in that direction. It isn't a new citizenship. It isn't a disloyal act against the country they live in. It doesn't hypothesize uprooting. Instead, it theorizes belonging to a complex and rich system of metanational values. I propose, in particular to young people, an added loyalty that is neither exclusive nor excluding. It is an instrument to find, within the dialectic between global and local, new loyalties to face the new challenges between the value systems that the different civilizations are serving up. For the first time, everyone can partake of these servings. Even through a computer connected to Internet.

**Some people call it chaos. Which would explain the fear and the resurgence of nationalisms or pseudo-nationalisms with connotations of exclusion, if not downright racism. Which can influence young people.**

I'll answer that by quoting two very different people. One is Catholic and the other is a lay person. The Cardinal of Milan, Dionigi Tettamanzi, was recently speaking to young people and he said that "the world that integrates itself asks to do so in respect and in the valorization of local identities. We won't be inspired by the grayness of homogenization. We will be, instead, by the great kaleidoscope of our histories and our cultures, expanded to a planetary dimension and illuminated by the input of each and every fragment." And the German sociologist Zygmunt Bauman, in *Globalizzazione e Glocalizzazione* (*Globalization and Glocalization*), prophesized that this new identity "will adapt itself to the world in which the art of forgetting is a value that is no less important, if not more important, than memorizing, in which the act of forgetting, rather than the act of learning, is a condition of continuous adaptation, in which new things and people continuously enter and leave our field of vision."

*Chapter 7*

## In Search of New Governmentalism

**The question of the relationship between globalization and governmentalism is coming compellingly to the fore. In Italy, news broadcasts feature episodes confirming a structural weakness of the State. For example, mounting demands by the Northern League, the proposal of creating a Southern League, or in any case, a movement of the South. But there are many other examples that could also be mentioned. So here is the question. How can a country that has problems controlling its own territory, its institutions and even various parts of its society think about moving forcefully into a new metanational dimension that is much broader and more competitive?**

In other words, how to reconcile globalization and nationality? It's true, Italian governmental structures, both central and marginal ones, have never been very strong. And nowadays they are showing their fragility more than ever. Without going into the "insignificance" of the debates and the political confrontations that characterize this period, there are many recent and concrete episodes, such as the garbage crisis in Naples and other cities in the South, which the foreign press has covered at length; the boatfuls of illegal aliens that are turned back at open sea in disregard of any Christian spirit of charity; the drop in foreign commerce that is putting the "Made in Italy" brand in difficulty; the chronic economic and financial backwardness of the South, where the banks continue to be practically nonexistent and thus do not supply capital for investments, and so on. Even the earthquake in L'Aquila increased this sense of disquiet. But we are not alone in this difficult situation. Globalization is pouring across every border. Only countries that are firmly in control of their entire territory—geographical, economical, social—can think about facing the challenges of globalization as they continue to govern from a center which is often very far from its periphery. However, I don't see many countries like this.

**But Italy has its own peculiar problem of national identity. And it's certainly not a new one. It's almost trite to mention Massimo d'Azeglio's famous quote, "We have made Italy, now we must make Italians." A wish that never truly became reality. Almost two centuries have passed and, suddenly, the crisis of our national identity is stronger than ever.**

I come from northern Italy and I understand the motives that encouraged, and still encourage, part of society and politics in Lombardy and northern Italy toward centrifugal thrust; a trend which today is also gaining influence in the South. But I am convinced that this does not mean that Italy does not want to remain united and to feel united. It's just that this unity must be found in different models and values from those we were taught in our school books. For example, why is it never mentioned that well before the Risorgimento the "divided" Italians were already united by ideas and a shared culture? The Renaissance culture, for example. And maybe also the culture of that extraordinary period that preceded it, the century of Dante, Petrarca, Boccaccio. Naturally, this type of loyalty and unity is more vague and apparently it is less binding than that of traditional citizenship. But on closer look, it actually goes deeper because it is constructed around a melting pot of values—including, naturally, negative values but these help create community and identity, too—that were created over centuries of shared history. A history which the borders and customs barriers of the pre-unification statelets were not able to disintegrate. This is why I say that the "outbursts" of a number of politicians from the North, or more recently even from the South, must be read in a historical light simply as an overthrowing of the approach we had been taught until now. Therefore, it's not so much a case of feeling you are Italian before you feel you are northern or southern. It's actually the opposite: feel you are Italian after you feel fully northern or southern.

**But today the flows of migrants, both legal and illegal, are permanently changing the face and the composition of rich countries, including Italy. Isn't it limiting to want to feel oneself northern or southern and to recognize oneself as Italian only at a later moment?**

No, it isn't limiting. Because even the many children of the immigrants, the so-called G2 or Generation Two—of Asian, African, Northern African or Eastern European origins—are following this same path. They know and they feel that they are of non-Italian provenance. But they recognize themselves in Italian society. Because they go to Italian schools, they eat Italian food (maybe not at home), they have Italian friends, do the same things they do and have the same behavior and young role models. And they root for Italian teams. One startling case clearly illustrates my point: the Italian national team of young cricket players who won the European Under 15 championship. This sport is certainly not part of Italian tradition, but of Asian and Anglo-Saxon derivation. And all these young champions—except for one, I think— have Asian names; they come from Pakistan, India and so on. But they were born and/or grew up in Italy, primarily in the North. They even speak Italian with various accents from the Po Valley. And during the awards ceremony, they sang the Italian national anthem with fervor. And this is precisely the crux of the discussion about "Italicity." Which, I repeat—and we have already said so continuously—not only regards those who live on Italian soil but also those who live abroad and who only have Italian ancestors. Take, for example, the American soldiers and officers of Italian origin who landed in Italy in 1943 at the service and with the passport of another country. They were never tempted to desert nor, rightly, did they consider themselves traitors. But they were and are Italici.

**Yes, but is this shared cultural tradition enough? How can it be used politically to aggregate the new community of Italici?**

This is the real challenge. We think that it must be accomplished "from below." Aggregations can never be imposed. All the less so in this era of globalization and increasingly open borders, even against the wishes of the countries' leaders. Today, starting from below means using electronics. The Web is showing itself to be the true political and democratic answer of this era. And to get back to Italicity, just think of the many websites that deal with Italicity in their own way. They might spring up individually for local—or better, glocal—reasons. But then they end up coming into contact with each other; we are witnessing this phenomenon. And they can't pretend the others don't exist. If nothing else, they have the same search engines which, at the words "Italy" or "Italicity" and so on, bring them together, compare them and push them toward aggregation. They cannot avoid taking this into consideration. These instruments of localism that are emerging and putting themselves on the same level are the humus of a new type of politics. Just like a passion for Italian food is an aggregator, so are the new institutions that might be located outside Italy but are Italian because they deal with Italicity. I'll name one example, but there are many: the Calandra Institute in New York, which holds lessons and hosts encounters in New York that are at the disposal of everybody thanks to Internet. And it's just a short step from here to stimulating the participation of other Italici, for example, in Australia. Because there are no distances online. Politics must learn to deal with this. Because these new realities and institutions are increasingly the conduits of today's major topics: peace, international relations, dialog between cultures, positive confrontation between religions. It is an emerging reality that few politicians have understood so far. To get back to the Italici, their aggregation brings to life a new political subject that isn't limited to national borders. And which, inevitably, calls for a new type of governmentalism. It's obvious that this governmentalism increasingly corresponds to the political ends that an individual community sets for itself. In the past this has always happened with the birth of new nations, like the United States, France, Italy, etc. And, on a broader level, the same discussion holds true if you consider the birth of transnational civilizations like the Anglo-Saxons or Hispanics.

**And what will this new Italic governmentalism be like? Will it be primarily or partially virtual, since it will start taking form on the Web, even if only in part?**

Yes, but that's not the point. It will be a completely new governmentalism compared to what this term has meant so far. Naturally, it won't develop on physical territory, like it has until now. But neither will it occur by using violence as an instrument to affirm itself. Instead, it will develop along a series of mutually attracting poles. First of all, communications, the exchange of information, the exchange of services. And it will develop through *associationism* that is finalized toward creating shared duties and/or interests. Thus, thanks to the diversity of the new "territory" and goals, it is clear that aggregation will not take place from above, under the influence and control of a State or a central and centralizing institution. Even the UN model, for example, no longer works. The most "external" adhesive possible will be that of the existing networks: regional networks and networks of languages or dialects. But also networks of associative events—cultural, economic, fashion, cuisine and even folkloristic traditions, which are actually very important as methods of aggregation and feeling part of a community. Take Columbus Day, for example; it's much more than just a parade down Fifth Avenue. An adhesive for this new community—not just of Italici in this case—will also be provided by what I call "functions" such as commitment to the climate, better use of our water resources, fighting world hunger, managing new mobility. The politicians who understand all this will have truly stimulating years ahead of them.

*Chapter 8*

## AMORAL FAMILISM:
## HOW TO OVERCOME AN OLD PROBLEM

**In a couple of our conversations you mentioned that Italicity is made of both values and disvalues. Like any other aggregation and transnational community—Anglo-Saxon, Hispanic, Jewish, Chinese and so on—values and disvalues are interconnected and inseparable from each other. Do you think that they will both become part of globalization?**

Yes. Because Italicity is held together by a set of values, of traditions, of "ways" of being, of looking at the world and dealing with it. And without a doubt there are also disvalues in all this. The primary one being the so-called "amoral familism" which the MIT researcher Robert Putnam identified back in 1993 in his book *Making Democracy Work,* which is based on an intuition formulated 35 years earlier by the sociologist Edward Banfield. Amoral familism, in simple terms, means favoring one's own family instead of participating correctly in the democratic process that could be to the advantage of the entire collectivity. Favoring one's own family can often lead to corruption, favoritism and other illegal behavior. There are two important consequences of amoral familism. The first is the priority that is given to private over public; it has been called a "limited civic sense" and is typical of a certain type of Italian behavior. Second, and perhaps worse, is the tendency to establish relationships on the basis of familistic solidarity. The origins and explanations for this go way back. Privileging loyalty to friends or family members over loyalty to the institutions is intrinsic to the Italian culture. If your brother commits a crime, the desire to protect him rather than turn him over to the authorities is more instinctive in the Italian way of thinking than in other cultures.

And this has produced the problem of "Mafia behavior." The matrix at the basis of the Mafia is exactly this, to be able to count on this absolute, familistic loyalty that is not subject to the laws of others but to rules that contrast with the fundamental criteria of democracy and the constitutional State.

**Above and beyond the obvious, negative judgment of the phenomenon, this "way of being" can't help but have historical reasons and origins. It has always been said that it springs from mistrust of the Risorgimento State, which was imposed with force.**

Yes, but there is one theory that I find more convincing, the anthropological theory. Its roots go even further back and it deals with Mediterranean culture in general, not just the Italian culture. Because Mafia behavior, in the sense of using familism and friendship as instruments of defense against external factors, is certainly not just Italian. Take, for example, the Jewish culture. The phenomenon actually goes back over the centuries; some people have said that it goes all the way back to the Phoenicians who, in their voyages and for the dissemination of their culture, needed to "go together" into the new territories. They needed the complicity and the solidarity of smaller, closer groups, that is, of their family and friends. Thus, Mediterranean culture is very special. Because it springs from a gift of Nature, the climate. As opposed to the North, the Mediterranean climate has always been primarily non-hostile. And this has led people to feel a lesser need to aggregate in more extensive institutions that were able to offer greater collective protection, such as the State. The aggregating priority in the Mediterranean regarded smaller, almost territorial geographical dimensions. For the most part, the main concern was to get along with one's neighbors. The institution was always seen as something "above," that was often imposed and, thus, not immediately necessary.

**Putnam, whom you mentioned earlier, spoke of "amoral familism" with respect to southern Italy in particular. According to his thesis, democracy cannot work in southern Italy because the people place family interests before those of the collectivity. Whereas in the North this tie does not exist or is weaker.**

The North, and not just in Italy, has always had to face different challenges than the South. The first of which, as I mentioned, is due to Nature. The long, cold months, a terrain that is often more difficult to cultivate, different incentives for socializing have forced the North to concentrate on a different type of social organization that is able to offer more stable and long-lasting solutions for the collectivity. Putnam, in his development of Banfield's theses, underlined the level of civic sense that had been achieved by municipalities during the Middle Ages in Italy. Governments controlled small areas of land but the people were more or less directly involved in the decision-making processes and were fundamentally law abiding. At the other end of the spectrum, in southern Italy, the laws were imposed from above and the center of State power was far away or, at least, was perceived as such. But this diversity existed abroad as well. For example, the English built a powerful fleet of ships that became a government institution. Because the sea, above all that type of sea, calls for a high level of collective solidarity, even greater than what is required on dry land. Or think of the epic battles of the Dutch to construct their dikes. In this case, once again, an entire collectivity went into action. But in the South, the existential theme has always been considered the realization of possibilities that are cultivated within the family. In other words, people whose main problem is how to defend themselves from external factors need the institutions more than people whose main problem regards individual initiatives. Thus, when the Italian emigrated, he took along this particular type of social outlook. When he arrived in a completely new country and, thus, was objectively in a defensive position, he found himself faced with two choices. He could either close himself up at home or, since he was forced to relate with the outside world, he could do so in a way that was ancestrally more habitual, which was founded on value systems that are based on family or friends.

**Well then, to get back to my first question, does Italicity enter globalization not only with positive things but with this ... disvalue as well?**

I'll answer your question by taking the long way around. I'm convinced that cohabitation in the modern world tends to reward the "close" networks which are—in a negative sense—also those of the Mafia, rather than rewarding the broader networks that are typical of constitutional States. The first are free of formalisms whereas the second are by their very nature "formalized." Let me make this very clear: by no means am I speaking well of amoral familism and even less of its Mafia derivative. On the contrary. I am only saying that in today's world, daily current events are showing us how, even in very big countries with rock-solid democracies, the close-knit networks, for example, the secret service—are increasingly confronting the institutional system and are attempting to get the better of it. For a while now there has been a battle underway in Italy between the State, with its formal structure, and what we call the "Mafia" but which has no regional borders. Just think of *Gomorra*, the book by Roberto Saviano denouncing the Camorra, or the garbage crisis in Naples. And it's best not to ask who's winning. But to get back to your question: globalization is knocking down the old parameters. The "function" counts more than the territory, or rather: aggregations tend to be functional rather than merely territorial. Think about the "communities of practice" which form around the concept of "doing together."

**But how can these new aggregations be governed? Certainly not with the old methods…**

They are governed with networks. Networks are more effective than radiality, people aren't governed from the center anymore. Associations—founded on interests, business or even pleasure and leisure activities—are increasingly prevalent and involving greater cross-sections of the population. Multiple loyalties prevail over single loyalties. Until now, the State—every State—has been constructed through mechanisms of exclusion: if you are within these borders, you are Italian; if you are outside them, you are not Italian. But today we are constructing Europe in a broader way, based on multiple loyalties.

**Please explain one more time what multiple loyalties means. There are political parties and movements, certainly not only in Italy, that don't want to have anything to do with this concept.**

Multiple loyalties are inevitable. For example, someone is from Lombardy, thus Italian, thus European. By now we live in a world in which each one of us has a plurality of identities; each one of us belongs to more than one aggregating dimension, not just in terms of ethnicity, nationality or religion, but even in terms of taste, culture, passions, interests. What I'm saying—and, I repeat, I want to make this very clear—is that Italici might be at an advantage in the new world system that is taking form. Because this new set of multiple loyalties which we will all have to deal with integrates and "stays together" easier in the new system of spontaneous and self-generating loyalties rather than in a system, like the one we have had until now, of loyalties that are constructed or imposed from on high. The globalized world, or better, the glocalized world, will be a mixture of communities which will no longer aggregate on the basis of old territorial criteria of borders that are decided by the State-Nation but rather on connections that go beyond geographical limits. And in this, the Italic way of being is an advantage.

*Chapter 9*

## RITES AND SYMBOLS OF A NEW COMMUNITY

**Like every other type of aggregation, Italicity, too, needs moments of "mutual recognition," collective events, celebrations, symbols. In the era of globalization, when national borders are being set aside, the old symbols risk becoming ... old. What symbols can Italicity, a progression of Italianity, have?**

There will always be "celebrations," moments of aggregation and mutual recognition. The idea of a "celebration" in which similar people come together is an anthropological and cultural dimension that is an inborn trait of human beings. And not just of humans. There are many species of animals that have forms of rituals as well. But what I think we need to consider is the *meaning* of the celebration. Maybe, at the start of the third millennium, the meaning has changed or is changing. If you will permit me a witticism that does not intend to be blasphemous, people used to organize celebrations in honor of the Madonna, nowadays people go to mega-concerts where the pop star Madonna sings. Rock concerts are quite different from religious processions, of course. But both of them, each in its own way, are celebrations. And both of them have their own specific rituality. Rituality, I repeat, is a common feature of all celebrations, whether it be throngs of the faithful in front of the shrine housing the blood of San Gennaro or screaming throngs of teenagers crowding around the stage where Bruce Springsteen is singing. Two very different events, but there is always rituality.

**But you do agree that if new, metanational aggregations are being created in the world, they will need new, representative symbols. Will important collective events like Columbus Day, for example, which is**

**probably the world's biggest "celebration" of Italianity, have to update themselves?**

Columbus Day is without a doubt a celebration. But today we must ask ourselves, what is it celebrating? What was the mentality or the spirit that created the Columbus Day celebration? To underline and commemorate, that is to celebrate, the arrival of Italians in New York and in America. Technically, Columbus landed on an island in Latin America. But to the descendents of the people who landed on Ellis Island, the act of remembering him and paying tribute to him is an occasion for giving themselves an identity. Thus, the real question is not if Columbus Day still makes *sense*. The question is, is it still the same community that for years now has been celebrating Columbus Day or has the community changed? To me, the answer is clear, it is a different community. They are no longer neo-immigrants or their first-generation offspring. The "celebration" is no longer held by people, in this case Italians, who come together to share their various experiences as immigrants in a new land, to tell their stories to others in their community and to other communities in their same territory. Let us not forget— and I find this fact very positive—that these large "ethnic" celebrations, from Columbus Day to Saint Patrick's Day, have long been a celebration for all, not just for those who, logically, are entitled to celebrate because of their former passports. But to get back to the question, "Are Columbus Day and similar celebrations a celebration of Italo-Americans or of Americo-Italians?" I think they are a celebration of a new community that is different from the community of the newly-arrived immigrants. And this community wants to affirm its own, new identity.

**And what is this identity?**

I'll answer that question by using Columbus Day once again. This "celebration" was originally held by Italian immigrants in New York. And New York was, after all, just an American city. Today, on the other hand, it has become the "world's major City." And this has changed things. The encounter between the newly-arrived immigrants and a cultural dimension like New York—and the United States in general—developed into something quite different. Because New York is no longer a faraway land where the disembarking emigrants were poor but many times were aware that they came from a political, social, cultural and economic reality which was a leader in their own geographical area. The fact that New York became the "world's major City" radically changed them and their descendents. The two polarities changed. The faraway land, in the eyes of those who arrived, changed from peripheral to primary and their land of provenance faded, even though it remained in their memories and some of their rituals. This overturning inserted the—now former—emigrants into a new, aggregating dimension. Which also has its difficult moments and which the Americo-Italians must face, just like every other American.

**What do you mean by "difficult moments"?**

Let me take a step back in time. Let's start with Columbus. His actions are being reconsidered in some political and academic circles. Some see Columbus as an "occupier" or as the vanguard of the occupiers. To save him from this negative historical reconsideration we must recuperate the contribution of universalism he gave to Americans. We must have the courage to say that Columbus can be "recuperated" by considering his actions in reverse. When he arrived in America, he didn't bring Europe to America; he brought America into the world. And, if you will, he let Americans become the "leaders" of the world. With all the problems, the suspicions and the difficulties in international relations that this dominion implies. Americo-Italians, too, must carry this burden. Because the America that goes out into the world takes along true values, one of which is Italicity. For example, Americans are some of the greatest appreciators and consumers—and thus, communicators—

of the "Made in Italy" brand, of their love of art, of good taste and of being Italici. I realize this slant might seem hard to absorb at first. But it can be better understood if we start with cosmopolitanism and "multiple loyalties." The Americas are a classic example of multiple loyalties and cosmopolitanism. This is where the melting pot began, to use another term. And Columbus was the first example of "multiple loyalties." He was an Italian and before that he was a Genovese and in order to fulfill his convictions he put himself at the service of the Spanish flag. This is why I'm convinced that in order to save Columbus from a historical rereading that sees him as unpopular because he was an "occupier" or the vanguard of the occupiers, we must recuperate the contribution of universalism that Columbus gave to Americans.

**Thus, Columbus remains a symbol. And, with the requisite rereading, he can also be a symbol for Italici.**

As I said, it all depends on understanding the new *meaning* we give him. And the meaning of the celebrations in his name. What is the identifying vocation of the people who participate in Columbus Day? Are the people parading down Fifth Avenue doing so to commemorate Italy, since Italian politicians also happen to participate at this type of manifestation? This was the old version or view of Columbus Day. Or are the people on parade a piece of America that is celebrating its active way of "being" in America? Or instead, and this is the innovation that can be explained by glocalization—the local reading of globalization— are the people there on parade bearing witness to the meeting between Americanity and Italianity, which helped produce Italicity? In this sense, Columbus is no longer unpopular because, rather than the representative of a Western culture that was viewed as oppressive, he becomes the prophet of globalization. Therefore, I think that Columbus Day no longer celebrates only what Italians have done for America but rather what Italians and all the other Americans have done to "animate" the world. They have Italicity—that Italic "sense" which, when grafted onto the powerful muscles of New York and America, can do the same thing Columbus did, in his day, with the muscles of Spain. In short, is Columbus Day, and all the other manifestations of this kind, still a "local" event that is blocked at the same point as one hundred years ago, when Italians thought Ellis Island was America? Or is it now mature enough to become "global?"

*Chapter 10*

## THE LANGUAGE OF DANTE AND THE ITALIC LANGUAGE

**The new aggregations are starting to be cramped by the old cultural models. From literature to art, the new culture is made of multiple loyalties that go beyond the old borders. Therefore, new reference points must be found. What is the Italic cultural model?**

This is a complex question. First of all, which culture? When we talk about culture we mustn't only think about values but also about the languages that express them. Including the gestures. Gestural eloquence is fundamental to "recognition" and belonging. If an Italian abroad can be recognized a mile away, most likely other Italians recognize him by his gestures even before they hear him talk. But to get back to the question, I'd start with Italianity, which is one "step" before Italicity. Italianity revolved and still revolves around a series of modern references that were a result of the Peace of Westphalia, which redrew and codified the borders of Europe in 1648. These borders have remained substantially the same up until today. Basically, the references were: citizenship, language, religion, territory. Combined, they created the national State as we have known it until now. In Italy's case, to make a haphazard list of different "values" and levels, this meant: the Renaissance, the Church of Rome and also the "Made in Italy" brand. This cultural way of viewing the "Italian way of life" has always been recognized abroad as "Italianity." And it was on a par with other national identities: French, English, Spanish. Each country heatedly defended its own identity. Territory was a question of borders; the right to plant a customs flag in one place rather than another sparked bloody wars. And language—in the sense of an instrument of recognizability and belonging, as well as of power—was another value which made the difference and it was defended to underline this difference. The same holds true for art; the difference between, for example, Flemish paintings and Italian Renaissance art was more than just a subject of polite conversation. In short, throughout the centuries following Westphalia, rather than trying to find points of encounter and fusion, the nations have always dug in their heels to highlight their own specificity and uniqueness.

**And today?**

Today, a question has come to the fore. Can other "languages" that are different from the traditional language assume an expressive role and recount the new transnational values which are the basis of the new aggregations, including Italicity? I say the answer is: "Yes." Let's start with languages, the basic communicative instrument. For Italianity— from Dante to Italo Calvino, passing by way of Boccaccio, Petrarca, Manzoni and so on—the only language was Italian. A precise, clean language, amended where possible by contaminations with English and French words and constantly "rinsed in the Arno." On the other hand, the language of Italicity, that is, the aggregation that goes "beyond" Italianity, is something entirely different. In fact, Italicity doesn't necessarily need Italian in order to express itself. English, an increasingly universal language, will do just fine. As will all the other local languages where Italicity is taking root. To give a culinary example, nowadays Italian cuisine can be prepared just as well abroad as in Italy and the situation doesn't change abroad if the diners are speaking their local language rather than Italian. It's always Italian cuisine even if it has been adapted to local taste. In plain words, Italic expressive capability can be found in Calvino as well as in Don De Lillo, John Fante or Donna Gabacci, to name a few American authors of Italian origin. In short, there is now an "Italic" language that is not the Italian language.

**But what do Italici share in the way they view art and culture?**

The fact that they do not search for stylistic elements of Italian "purity" as opposed to the "purity" of other languages when they look at and compare themselves with the world and, in this case, with culture. By now, global languages interact and mesh with each other, creating glocal expressions and stylistic features. Many Italic readers and observers don't speak Italian but rather English, Spanish or French. And writers, like other artists, are the proof of this new trend. John Fante, who wrote in English, had a way of seeing and depicting the world that must be read and assimilated in English. This metanational vision is now beginning to be comprehended by the more sensitive "antennas." Not by chance, Globus et Locus has been invited by the Agnelli Foundation to integrate its activities with the Turin-based research center that is known in the USA as Altreitalie and is directed by Maddalena Tirabassi. The Center studies problems faced by emigrating Italians, for example, and compares them with those of Americo-Italians. Americo-Italian authors or artists in search of expression must make a choice: do they express themselves in Italian or in English? They choose a third option; they prefer to be perceived as belonging to both worlds. Thus, they almost subconsciously elaborate stylistic features that are metanational.

**Is this process just getting started or are the first stylistic features of Italic culture already coming to the fore?**

I fully agree with the suggestion of Fred Gardaphé, a professor of Italo-American studies in New York. Regarding the familism that is typical of Italianity—in this case a vital familism, not the amoral one we already mentioned and which degenerates into phenomena of Mafia behavior—Prof. Gardaphé sustains that Italian emigrants in the world share a tendency to prefer to aggregate in urban areas and small neighborhoods. There is a constant propensity toward crowded urban areas, which are viewed and experienced elbow to elbow. In movies by Italo-American filmmakers from Scorsese to Coppola and Michael Cimino, or in books by Italo-American authors, as well as by Italo-French or Italo-anything authors, rarely is the backdrop the great outdoors. The characters move within the framework of family, friends, their neighborhood. A meditation on open spaces, themes such as the unknown, mystery or immense vistas of Nature are not part of Italicity's cultural humus, at least not now.

**The author Don De Lillo has often said that not only does he not feel Italian—and this is understandable—but that nothing he writes originates from the Italianity of his parents. He considers himself exclusively an American author.**

De Lillo has all our solidarity and comprehension. But I don't think he would be offended in the slightest if Maddalena Tirabassi or any other scholar conducted a critical analysis of his works and found stylistic features and references in his expressive language that can be clearly traced to an Italic culture. I stress: Italic, not Italian. He cannot and must not express himself the same way Calvino did. In short, I think that if we ask De Lillo if he feels Italian he would answer no, as he already has. But he ought to give a different answer if we ask him, proof in hand, if he feels Italic. It's the same answer that Francesco Borromini, the famous 17th century Italo-Swiss architect, would give. In defense of his Swiss citizenship he would have answered "no," he does not feel Italian. But Italic, yes. In conclusion, to get back to modern times, our proposal of an Italic "container" transcends and goes beyond this dilemma which is distressing De Lillo and all the young people of Generation Two and even Generation Three.

**Today's culture is increasingly international. Chinese authors are translated into every language. Exhibits and events present works by artists from all over the world to a public on the other side of the planet. In this increasingly globalized world, what does Italic culture have to offer?**

You mean, how can Italic culture position itself among the cultures of the world? It's already doing so, in a modern and proper way. Like other cultures, it is letting go of its origins and traditional reference points and searching for new values to which it can anchor itself. For example, what is Anglo-Saxonism? We are all aware that Australians are Anglo-Saxons but we certainly don't say that Australians are English. Without a doubt, the Anglo-Saxon culture has a lot of "British" in it but, in Australia, it also reflects a strong Aboriginal influence. The same holds true for the Hispanic culture. This is why we can say that there is an Italic culture that is ready to take its place in globalization. It starts with Italian values but combines them with the new aggregations of the different glocalisms in which it takes root. And this opens the debate on dialects.

**Meaning?**

In the linguistic and cultural fields, we are witnessing two phenomena that are apparently in contrast to each other. On the one hand, there is an "ascent" from the national toward the global; on the other, there is a clear reevaluation and revisitation of dialects. And this is not only taking place in Italy. For instance, Brazilians of Italian origin who speak "Talian" have a cultural matrix that is not so much Italian as from the Veneto. For the most part, Italian emigrants did not know or did not speak Italian but only the dialect of their region of provenance. All this lets us recuperate a cultural and aggregating dimension that we at Globus et Locus hold in high esteem. We are convinced that there has always been a dialectic between dialects and the political dimension. The history of the Italian language is the history of the passage from the Tuscan dialect to the national language. The Tuscan Dante was the first to use the "vernacular," but the Milanese Manzoni—who spoke the Milanese dialect—obliged himself to learn to write in Italian. And he wrote *The Betrothed (I promessi sposi)*. But he, too, brought a part of his localism, in this case Milanese, into the new Italian aggregation. It is this same mechanism, broadened to a global scale, that is now taking place.

**Is it the success of multiculturalism?**

No, of pluriculturalism. Which is different from multiculturalism. Multiculturalism brings together different cultures. It is an end to itself, it doesn't lead to developments. On the other hand, pluriculturalism is "plural culture," in continuous and profitable evolution.

# PIERO BASSETTI

A native of Milan, for years Piero Bassetti has been considered the conceptual father of Italicity, that transnational network which encompasses Italians, people from Canton Ticino, people of Italian extraction, Italian speakers and Italophiles. A network which is beginning to recognize itself and to intercommunicate. And which Bassetti began to pinpoint when he sensed the potential of the Italian Chambers of Commerce abroad. Until then, they had been a collection of very active organizations but each one had operated within its own limited territorial area of competence. During the years he was president of their association, he put them online and helped them dialog with one another for the first time ever. The starting point is his firm belief that aggregations are made from the bottom up and not by being imposed from the top down.

Another cornerstone of his complex philosophy and political commitment is glocalization, the adjustment of the expanding panorama of globalization to local realities, as he studies how these realities relate with the institutions and the new emerging international situations. The concept of glocalization presupposes that in every era, including the present increasingly globalized era, the local community is and has always been the basis of society. To assume a glocal point of view means to view the actors and the processes in light of the now indissoluble interweaving of local and global. This double process of localization of the flows and globalization of the locations is multidimensional (and it regards not just the economy, but the news, culture, the institutions and more), pervasive (it goes everywhere and increasingly affects human existence as a whole) and configures a new phenomenology and a new cosmology which must be rethought and reviewed. It has also generated the Glocalist Manifesto (www.glocalisti.org).

Piero Bassetti is the president of Globus et Locus, an association of institutions that analyze the consequences of glocalization on politics and the institutions  (www.globusetlocus.org). After the publication of *Italici* (Casagrande Editore and Bordighera Press, 2008), a series of conversations on these topics were published in *America Oggi,* the Italian newspaper of the East Coast of the United States. These conversations, which he held again with Niccolò d'Aquino, a journalist who was born abroad and has lived and worked at length outside Italy, are now collected in these *Italic Lessons.*

*Lezioni italiche*

*Prefazione*

## Ciò che possiamo imparare

Anthony Julian Tamburri

Nel suo saggio *Italici*,[1] Bassetti esponeva la sua filosofia di italicità. In quel libro, si era arrivati a capire che "l'italico è un membro della vasta rete, o aggregazione globale basata sui valori condivisi di una civiltà" (63) che "l'italico è un post-italiano, un cittadino del mondo che si riconosce in un'idea nuova di identità. Un'identità che, già fondata su appartenenze regionali e funzionali più che nazionali, sfocia nell'apertura all'incontro tra la cultura e un rinnovato interesse per caratteri regionali ed etnici" (64).

È propria questa consapevolezza del fatto che si tratti di un processo, che combacia perfettamente con quello che abbiamo già visto articolare in passato, qui negli Stati Uniti: e cioè, che "le identità etniche *costituiscono solo una famiglia di somiglianze, che l'etnicità non può essere ridotta ad identiche funzioni sociologiche, che l'etnicità è un processo di inter-referenze tra due o più tradizioni culturali* (corsivi miei)" e, mi sembra significativo aggiungere, tra due o più generazioni della stessa etnia e/o gruppo razziale.[2] Questo nuovo modo di considerare le cose in Italia—già implicito, bisogna sottolineare, nel vasto lavoro intellettuale condotto sotto gli auspici della Fondazione Giovanni Agnelli/Centro Altreitalie—viene adesso esaminato e sottolineato da questa nuova ge-

---

[1] *Italici: An Encounter with Piero Bassetti*. A cura di Paolino Accolla e Niccolò d'Aquino (New York: Bordighera, 2008), pubblicato prima in italiano con il titolo, *Italici, incontro con Piero Bassetti* (Milan: Giampiero Casagrande Editore, 2008).

[2] Michael M. J. Fischer, "Ethnicity and the Post-Modern Arts of Memory," in *Writing Culture. The Poetics and Politics of Ethnography*. A cura di James Clifford e George E. Marcus (Berkeley; U of California P, 1986) 195

nerazione intellettuale che oggigiorno è rappresentata da Piero Bassetti e dai suoi colleghi di Globus et Locus.

Ciò che Bassetti sta di fatto sottolineando è direttamente collegato al concetto che l'identità italiana e/o italica non è affatto basata su una qualche nozione monolitica di ciò che significhi essere italici, tanto per adoperare il suo termine sicuramente più adeguato ai nostri tempi presenti. E benché alcuni continueranno a credere che questo segnale etnico dell' Italiano/Italico possa avere particolarità originatesi da una certa zona geo-culturale, la nozione di italicità-non può essere "costruita come un oggetto internamente coerente di conoscenza teorica" e dunque di identità; che tale tentativo limitato (e, diremmo, limitante) di definire una sorta di categorizzazione italica "non può essere risolto ... senza [ricadere in] un riduzionismo positivista assoluto."[3]

L'insistenza sulla monoliticità è in realtà una delle maggiori sfide che la comunità italiano/americana deve affrontare.[4] Troppi all'interno del gruppo vogliono vedere gli americani italiani come partoriti da un unico stampo—una finzione, certo, come è emerso dalle recenti reazioni ad un seminario accademico dedicato dal Calandra Institute ad una delle sub-culture italiane in America che possiamo chiamare il "fattore guido":[5] laddove una serie di auto-proclamatisi "portavoce della comunità" ha lanciato un grido d'allarme e, in alcuni casi, o ha negato l'esistenza di questo scomodo fenomeno subculturale o, ignorando l'intento conoscitivo del nostro seminario, l'ha utilizzato come piattaforma per posi-

---

[3] Si veda Aijaz Ahmad: "Jameson's Rhetoric of Otherness and the 'National Allegory'," *Social Text* 17 (1987): 4.

[4] Per l'uso della sbarra al posto del trattino, rimando il lettore al mio *Una semiotica dell'etnicità: nuove segnalature per la scrittura italiano/americana* (Firenze: Franco Cesati Editore, 2010) 17-20.

[5] Per vedere la registrazione televisiva del colloquio "Guido: an Italian American Youth Style," si vada al sito www.livestream.com/italics. Si veda anche Joey Skee (aka, Joseph Sciorra), "Fear and (Self-)Loathing in Italian America: The Specter of the Gavon Haunts the *Prominenti*," http://www.i-italy.org/node/13048 (4 febbraio 2010).

zionarsi alla meglio agli occhi della cosiddetta "comunità italiano/americana."[6]

Se la nozione di italicità di Bassetti ha un qualche significato in questo più ampio discorso intorno all'etnia—e ne ha in effetti molti—è proprio nella base non-monolitica insita nel suo concetto di questo "novum di esperienze condivise e plurali" (74). Alla fine, e come fenomeno globale, "l'italicità è tenuta insieme da un set di valori, di tradizioni, di 'modi' di essere, di guardare al mondo e di affrontarlo" (99). Sono proprio questi "'modi' di essere" che, una volta approfonditi adeguatamente, ci rivelano come essi funzionino anche a livello [g]locale.

Se infatti l'italicità si presenta come quell' "insieme di comunità, che saranno aggregate non più in base al vecchio criterio territoriale dei confini decisi dallo Stato-Nazione, ma su connessioni che prescinderanno dai limiti geografici" (103), al livello locale essa si dovrà riconoscere come "un insieme di [identità che non può più pretendere di identificarsi] in base [ad un] vecchio criterio ... riconosciuto [maggiormente, se non esclusivamente, da pochi auto-proclamati portavoce]." E' proprio questa una delle lezioni più importanti che gli americani italiani possono trarre con gran profitto dalle *Lezioni italiche* di Piero Bassetti.

---

[6] Di nuovo rimando il lettore a Joey Skee: "The script consists of specific verbal cues and symbolic language. One such cue involves the un-defined notion of 'community.' Anthropologist Micaela di Leonardo points out that 'community' is 'an ideological construct' meant to convey a unity of belief and interests about a network of individuals. There are voting blocks and there are consumers, but there is no one single 'community.' The fiction that is the 'Italian-American community' is a means for individuals to jockey for political power and social prestige. [Traduzione: Il copione consiste in specifici suggerimenti verbali ed in un linguaggio simbolico. Uno dei tanti suggerimenti coinvolge la nozione non-definita di "comunità." L'antropologa Micaela di Leonardo precisa che "comunità" è "un costrutto ideologico" con l'intento di comunicare un set di credenze ed interessi in una rete di individui. Esistono il voto in blocco ed i consumatori, ma non vi è un'unica comunità. E' una *falsa credenza* che la "Comunità Italo-Americana" sia un mezzo attraverso il quale degli individui possano cercarsi di posizionare per acquistare potere politico e prestigio sociale.]"

*Introduzione*

## DALLA GLOBALIZZAZIONE ALLA GLOCALIZZAZIONE

### Niccolò d'Aquino

"Ti richiamo io tra mezzora, adesso sono su un albero." Un congedo telefonico di questo tipo non può non lasciare un po' perplessi. Perché a parlare è, sì, un atleta azzurro alle Olimpiadi: ma a quelle del 1948 a Londra. Piero Bassetti però continua a svagarsi così, anche superata la boa degli ottant'anni: sempre magro e slanciato, quando ha un po' di tempo libero—poco, per fortuna della moglie e degli amici che si preoc-cupano—si arrampica su uno degli alberi della sua bella villa lombarda per potarli e curarli. Non si tratta di alberelli, troppo facile. Questi sono giganti secolari altissimi e un po' intimorenti, roba da 20-25 metri. Viene in mente Cosimo Piovasco di Rondò, il *Barone Rampante* che la fantasia di Italo Calvino fece passare tutta la vita sulle cime di pini e pioppi in disdegno verso il resto dell'umanità inchiodata a terra. Il Barone, con il passare degli anni, divenne il saggio a cui la gente si rivolgeva per racco-glierne i consigli che lui dispensava seduto su uno dei rami più bassi. E anche Bassetti quando ridiscende tra i comuni mortali è, da tempo, un "grande vecchio" da ascoltare: della politica imprenditoriale italiana prima e, ora, della globalizzazione.

Per la verità—siccome qui si parla di una mente che è sempre in an-ticipo, certe volte anche troppo—la globalizzazione per Bassetti è già acquisita; anche se in tanti, compresi politici e intellettuali, ancora sten-tano a prenderne atto. Lui parla di glocalizzazione: "pensare local-mente, agire globalmente." Ovvero: la risposta locale e non intimorente a un fenomeno—la globalizzazione, appunto—che spaventa i più. Mol-

Lezioni italiche • 65

to in sintesi, la glocalizzazione ritiene che il fondamento della società in ogni epoca è stata ed è la comunità locale: l'interazione degli individui, organizzati in gruppi sempre più allargati presenti su un territorio, costituisce un insieme di "sistemi" che diventano "sottosistemi" se relazionati a organizzazioni più complesse. Ad esempio, la famiglia è un sottosistema del sistema quartiere ma il quartiere è un sottosistema del sistema città e così via. La glocalizzazione, insomma, inizia la propria analisi dai sistemi semplici per arrivare ai più complessi: se alla base di tutte le società c'è il micro-gruppo, questo cresce, si sviluppa, interagisce con gli altri gruppi sempre più macro fino ad arrivare alle complesse realtà globalizzanti di oggi. Mantenendo, però, alcune caratteristiche locali, sia culturali sia economiche sia di tradizioni che rendono più tranquillizzante l'inevitabile confluire in un sistema gigantesco. Al contrario la globalizzazione "tout court" privilegia in partenza i sistemi complessi e, trascurando le implicazioni dei sottosistemi, rischia di diventare un freddo e dispotico "regime."

Convinto che nella Storia le aggregazioni sociali che hanno funzionato si sono sempre fatte *bottom up*, cioè partendo dal basso e man mano allargandole, e non imponendole dall'alto (*top down*), Bassetti vede quindi nella glocalizzazione l'unica strada percorribile.

Nella visione bassettiana, che prende spunto dalle prime intuizioni di sociologi come Zygmunt Bauman e Roland Robertson, il futuro—un futuro che è già quasi il presente—sarà delle *global communities*. Con il progressivo venir meno dei vecchi, statici e sempre più inutili confini nazionali, a governare il mondo del Terzo Millennio sarà un insieme di comunità che si vanno aggregando su parametri del tutto nuovi ma che possiamo già intuire.

L'elenco di questi nuovi parametri è sempre più lungo. Comprende: le aggregazioni di Stati che, dopo essersi scontrati per generazioni in guerre sanguinose ed eterne, stanno sempre più rinunciando a pezzi consistenti della propria statualità per confluire in nuove realtà come l'Unione europea; le alleanze politiche e/o economiche anche più ampie della Ue, sia pure meno vincolanti: Nato, Onu ma anche Asean, Unione degli Stati africani eccetera; le macro-regioni, cioè le comunità di interessi economici sulla base di vicinanze territoriali che, per parlare d'Europa, non soltanto trascendono le antiche dogane imposte per secoli dalla pace di Westfalia del 1648 ma vanno già "oltre" i limiti che le nuove aggregazioni ancora vorrebbero imporre (un esempio per tutti: la regione lombardo-ticinese dove, incuranti dell'appartenenza formale a due nazioni diverse—Italia e Svizzera—si muovono, operano e interagiscono strettamente milioni di persone i cui destini economici e sociali sono sempre più vincolati gli uni agli altri); le associazioni e istituzioni internazionali che mettono in diretto e quotidiano contatto persone e interessi più diversi.

Questi nuovi parametri si servono, inevitabilmente, di strumenti anch'essi nuovi ma sempre più interconnessi e indispensabili alla vita di tutti noi. Internet. La posta elettronica. I più diversi social network che, da Facebook a Twitter, mettono in contatto persone residenti nei posti più lontani. You Tube che, rendendo tutti potenziali web-giornalisti, sta superando e mettendo in un angolo i tradizionali e un tempo potenti network. Il telefono cellulare. Gli sms. Ma anche i voli low cost, i treni ad alta velocità.

Tutto questo nuovo mondo di contatti, interazioni, appartenenze e comunanze di azioni è tenuto insieme da una lingua internazionale, l'inglese. Che—a differenza di quanto immaginato da chi aveva inventato a tavolino l'esperanto, idioma troppo scientificamente costruito per entrare nelle case e negli sms della gente comune—risponde alla perfezione ai bisogni della globalizzazione. E anche della glocalizzazione. Perché sia nell'inglese British o Yankee sia nelle sue varie rielaborazioni locali—Spanglish, Frenglish eccetera—consente un dialogo universale un tempo impensabile.

Questi appena elencati sono tutti parametri e strumenti che, sempre più, rendono obsoleti passaporti, cittadinanze tradizionali e aggregazioni rigide.

In questo mondo tutto nuovo e che, ammettiamolo, può preoccupare nonostante tutte le rassicurazioni che ne sarà della "piccola" Italia"?

Piero Bassetti non ha paura. La sua risposta/previsione è racchiusa in una parola: italicità. Ovvero: superando i confini e i limiti mediterranei dello Stivale si scopre che nel mondo globale—o meglio: glocale—c'è una rete di persone, di interessi, di stili di vita che sta dando vita a una nuova aggregazione. L'aggregazione italica, appunto. Ne fanno parte: gli abitanti dell'Italia, sia i cittadini di passaporto sia gli emigranti e i loro figli—la cosiddetta Generazione 2 o G2—ormai diventati italiani a tutti gli effetti e a cui, prima o poi, se prevarrà la politica più avveduta che sembra faticosamente farsi largo, verrà finalmente concessa la cittadinanza, pena gravi e allarmanti tensioni sociali. Ma ne fanno parte anche: gli oriundi, gli italofoni (ticinesi, dalmati, sanmarinesi ecc.). In più—ed è questo il vero e nuovissimo "valore aggiunto" del pensiero bassettiano—di questa rete di persone fanno parte gli italofili: professionisti e/o amanti dello stile di vita italiano che, magari non hanno alcun italiano tra i propri antenati e non hanno nemmeno sposato un/a italiano/a ma, per passione o per interesse economico e professionale, hanno abbracciato l'Italian way of life. Questa si sta diffondendo nel mondo grazie all'espansione dell'economia italiana negli ultimi decenni e l'affermarsi di una cultura e, appunto, di uno "stile" davvero unico. Si va dai cultori dell'arte italiana, agli operatori e imprenditori il cui core business ruota attorno a commerci e attività in stretto legame con aziende e affari italiani, agli appassionati del modo di vestire o di cucinare italiano, a quella rete radicata del mondo e delle opere cattoliche e vaticane che o parla direttamente in italiano o, comunque, l'italiano lo conosce, per arrivare al mondo dello sport i cui protagonisti—non solo del calcio ma dell'automobilismo e via dicendo—parlano e anche bene la lingua di Dante.

Come Bassetti aveva già evidenziato nella serie di interviste che, nel 2008, hanno dato vita a *Italici, il possibile futuro di una community globale*, (Casagrande Editore e, nella versione inglese, Bordighera Press) questa nuova aggregazione porta a delle cifre cospicue: non più solo i 57 milioni di italiani di passaporto residenti in Italia ai quali aggiungere la piccola manciata di milioni di residenti all'estero ufficialmente iscritti all'Aire, l'apposita anagrafe gestita dalla Farnesina. Qui, anche facendo un calcolo conservativo, si tratta di una rete di almeno 250 milioni di persone. Una rete i cui terminali sono presenti in ogni angolo del pianeta. Il che cambia le prospettive e fa capire che l'Italia ha un futuro nello scacchiere internazionale del Terzo Millennio. Purché si capisca che si deve "andare oltre," che si deve fare il passo successivo, staccandosi da una visione ormai superata e limitativa che relega la nazione inventata dai Cavour, Mazzini e Garibaldi entro confini che, come detto, sono e sempre più saranno evanescenti e privi di significato.

Bassetti non ha dubbi. Il suo slogan preferito è: "Realizzare l'improbabile." Ci era riuscito negli anni Sessanta diventando il primo presidente della Regione Lombardia, quando l'istituzione delle regioni—largamente anticipatrice dei fermenti federalisti oggi sulla bocca di tutti—sembrava un'idea balzana o una moltiplicazione della burocrazia politica. Ci era riuscito a cavallo degli anni Novanta, mettendo in rete—tra lo scetticismo generale—le Camere di Commercio italiane all'estero, fino ad allora entità isolate e che non dialogavano tra loro, e creando una struttura economica e commerciale internazionale diventata vitalissima. Ci era riuscito quando, anche qui vincendo resistenze e proteste, aveva imposto per primo l'idea che l'emigrazione italiana è stata in realtà una diaspora: e oggi questo termine, e il concetto che gli sta dietro, è largamente accettato dagli addetti ai lavori.

La rete italica, quindi, si farà. Il "come fare" Piero Bassetti lo spiega in queste interviste. E qui ritorna Italo Calvino. *Le lezioni americane* erano "sei proposte per il prossimo millennio" che lo scrittore aveva individuato, nel 1985, scegliendo gli studenti di Harvard come pubblico a cui anticipare le "varie trasformazioni che apparivano davanti ai suoi occhi." Le *Lezioni italiche* di Piero Bassetti sono in tutto dieci, frutto di altrettanti lunghi colloqui con l'estensore di questa nota. E come primo pubblico è stato scelto, anche in questo caso, un lettore americano: quello di *America Oggi*, il quotidiano degli italiani della East Coast statunitense. Perché l'America, nella creazione e nello sviluppo del glocalismo italico, è certamente un nodo vitale. E non a caso nel più importante giornale della diaspora italica le intuizioni bassettiane sono state recepite e accolte con interesse da redattori come Stefano Vaccara, curatore del supplemento domenicale *Oggi 7* dove le dieci interviste sono state pubblicate.

Insomma, anche se il pensiero di Bassetti è complesso e molto strutturato, come si potrà vedere leggendo le dieci interviste, il suo messaggio è semplice. Se la rete italica prenderà coscienza della propria esistenza e del proprio valore—cosa che altre reti di *communities* hanno già fatto o stanno facendo: dall'anglofona, all'ispanica, alla cinese, all'ebraica—se i suoi componenti, la maggior parte dei quali ancora ignora di farne parte, stringeranno tra di loro le relazioni che, in parte, sono già esistenti o in via di formazione, allora il futuro italico diventerà realtà. Se così non sarà, il rischio è che i libri di storia delle prossime generazioni dedichino alla voce "Italia" un breve capitolo e qualche nota a piè di pagina.

*Capitolo 1*

## IL FUTURO SARÀ SEMPRE PIÙ GLOCAL

**Dai prossimi appuntamenti, dopo questo primo, affronteremo gli argomenti più diversi: italiani e internazionali. Con un occhio italico. Spieghiamo quindi subito qual è l'obiettivo, il senso e il "metro" di queste chiacchierate e analisi che ci avviamo a fare.**

Noi, con il think tank Globus et locus e con il corollario delle altre organizzazioni e iniziative, vogliamo aggregare la comunità degli italici. Ovvero di quella rete culturale, letteraria, artistica, economica, politica, di affari e di costumi che unisce nei cinque continenti le persone più diverse che hanno però in comune—spesso a loro stessa insaputa—valori, stili di vita e modelli di quella Italian way of life che l'espansione dell'economia italiana, nonostante la crisi internazionale attuale, ha diffuso nel mondo negli ultimi decenni. E' un mix di italiani oriundi, italofoni, italofili e anche di coloro che, pur non avendo una goccia di sangue italiano, si riconoscono e prediligono quei valori e quello stile di cui parlavo.

***America Oggi*, però, oltre a essere il più diffuso quotidiano in lingua italiana all'estero, è il giornale degli italiani negli Stati Uniti e in particolare nella East Coast. Italiani magari con il doppio passaporto ma, comunque, convinti della propria italianità. Il concetto di italicità è indubbiamente un "andare oltre."**

Ma necessario e inevitabile. Nell'era della globalizzazione un'aggregazione transnazionale la si effettua soprattutto usando quello strumento formidabile e ormai onnipresente che è la Rete: internet, blog, forum, chat eccetera. Rispetto a una rete lunga e vasta come quella mondiale, un quotidiano come *America Oggi*, che tra l'altro dispone di un'interfaccia multimediale, è però un importante punto di osservazione e di diffusione. Perché opera da postazioni fondamentali come gli Usa e New York. I suoi lettori sono abituati a essere considerati in termini di italiani o ex italiani, cioè portatori di una doppia appartenenza. Quello che vogliamo far capire loro è che, in realtà, il loro futuro è italico. Il che da una parte è limitativo, perché—è vero—si tratta di una appartenenza meno spessa, più generica e superficiale. Ma dall'altro è più estensivo e stimolante, perché si tratta di un'appartenenza globale. Il che, ripeto, piaccia o no, è il futuro. Gli italiani d'America, come quelli che vivono negli altri continenti, devono capire che dovranno rivedere il loro "posizionamento" culturale e affettivo: non più soltanto italoamericani o italofrancesi o italocanadesi o italoaustraliani eccetera che si rapportano e confrontano—anche criticamente—con l'Italia. Il nuovo rapporto sarà necessariamente più ampio, con la rete italica.

**Questa però è una stagione politica in cui, per vari motivi, tra cui la paura verso l'"invasione" degli emigranti, sembra di assistere a un ritorno dei localismi nazionali. Una vera chiusura nei confronti di nuove idée, un "no" a qualsiasi tipo di apertura.**

Vero. Ed è un problema. Che, come europei, abbiamo superato o stiamo superando visto che siamo entrati nell'Unione. Certo il concetto di Unione Europea è ancora difficile da capire per chi non lo vive. Ha ragione Henry Kissinger quando ci dice: "Voi europei dovete prima darvi un numero di telefono." Ovvero: dovete crearvi una realtà visibilmente toccabile con mano. Ma ha ragione dal suo punto di vista, americano. Gli Stati Uniti sono nati da una rivoluzione, anche militare oltre che economica, che ha messo fine a una colonizzazione e dato vita a una nuova entità, indipendente e democratica. Noi europei, invece, abbiamo scelto la strada dell'aggregazione pacifica, partendo dall'unificazione monetaria. E la stessa strada pacifica va percorsa dalla rete italica. Che, messa insieme, è fatta di circa 250 milioni di persone, superando di gran lunga i meno di 60 milioni di italiani d'Italia e i pochi milioni di italiani all'estero registrati ufficialmente nelle liste dell'Aire, il registro dei connazionali espatriati tenuto dalla Farnesina.

**Ma come si fa, materialmente, a convincere un italiano all'estero a superare lo schema a cui si è abituato e che, per semplicità, possiamo definire delle "due Patrie"?**

Per prendere l'esempio americano, finora il dilemma era: "Siamo americani o siamo italiani in America?." La letteratura è piena di romanzi che ruotano attorno a questo quesito. La glocalizzazione, cioè il vivere la globalizzazione senza perdere la centralità locale, supera questa ultima frontiera. Finora l'alternativa era la scelta verso una delle due loyalties. Gli italiani d'Italia, per esempio, non hanno mai capito che è sbagliato chiedere agli italiani in America o negli altri paesi di confermare una sola appartenenza, quella verso l'Italia. Si tratta di capire che siamo, noi tutti, cittadini del mondo. Cittadini di "qualità" italica che, in questo caso, vivono negli Stati Uniti e vivono con serenità questa condizione. Nella consapevolezza che la glocalità non solo non rende problematica o addirittura drammatica l'appartenenza multipla ma anzi la premia.

**Il melting pot, insomma, non basta più.**

Esatto. Le società che hanno trovato la propria forza e si sono sviluppate grazie al melting pot si trovano oggi di fronte a una nuova sfida: il melting pot va messo a servizio della costruzione di un nuovo mondo, quello glocal. Dovremo capire che , senza nulla togliere alle rispettive tradizioni e appartenenze di origine, "servire" una sola nazione sarà sempre più un'anomalia. E' quello che, faticosamente, sta avvenendo per noi europei nei confronti dell'Europa unita. Siamo portatori di un universalismo che nel mondo glocalizzato può realizzarsi molto più di quanto abbiano finora provato a fare le singole nazioni raffrontandosi con il contesto internazionale. E gli italiani, pur orgogliosi della propria nazionalità di partenza, questo spirito lo hanno nel sangue. Un esempio contemporaneo è quello dell'amministratore delegato della Fiat Sergio Marchionne, italiano del Canada con tre passaporti, compreso quello svizzero. E che non vede alcuna difficoltà nel considerare la Fiat italiana o americana o europea. Giustamente.

*Capitolo 2*

## L'EUROPA E IL "PONTE" ITALICO

**Nel mondo sempre più globalizzato c'è, fra le altre, una contraddizione vistosa. Gli europei votano sempre di meno per l'Europa; a ogni tornata elettorale la percentuale di chi sceglie di "andare al mare" aumenta. Eppure l'Europa unita, un progetto ambizioso che unisce pacificamente nazioni che per secoli si sono fatte la guerra, dovrebbe essere un tipico esempio vincente di globalizzazione. A cosa si deve l'astensione e il calo dei votanti?**

"Voi giornalisti avete il difetto di fermarvi ai "titoli," vi fate attrarre dalle apparenze. Invece bisogna saper distinguere e guardare oltre. L'apparente disaffezione degli elettori europei verso il momento del voto non cambia la realtà dei fatti. Sono questi, i fatti, che assai più del voto coinvolgono gli europei attorno all'UE. Tra l'altro, la tornata di questo giugno 2009 è stata la prima allargata a 27 paesi, con l'inclusione quindi degli ultimi entrati. Comprensibile, quindi, una certa confusione, una lentezza nell'avvio. Ma proprio l'arrivo di questi nuovi europei "comunitari" mi fa dire che per certi versi l'Europa "non si fa" ma "si allarga da sola," inevitabilmente. Forse non è ancora ben chiaro—e anche questo sarebbe compito dei media chiarirlo—che l'Europa ci si sta stringendo sempre più attorno. Oramai tra il 50 e il 70 per cento dell'attività dei Parlamenti nazionali dell'Unione è legata all'attuazione e messa in pratica delle norme europee."

**Eppure, anche lasciando perdere giornali e radiotelevisioni, c'è la sensazione diffusa di uno scarso interesse del cittadino europeo medio. Questa è anche l'opinione di molti osservatori non europei.**

"Degli americani, per esempio. Negli Stati Uniti c'è la tendenza a dire che l'Europa non c'è. Se ne dicono convinti anche intellettuali, analisti e politici ben preparati e dai quali ci si dovrebbe attendere un giudizio più ponderato. L'idea è che, a parte la moneta unica—peraltro diventata subito una divisa più forte del dollaro e di riferimento internazionale, il che deve farci riflettere—l'Europa non ci sarebbe. Perché non ha una politica estera e di difesa comune. C'è del vero, intendiamoci. Ma ci si arriverà, è solo un processo lungo. Ma l'obiezione che qui ci interessa riguarda la disaffezione al voto. Anche negli Stati Uniti, paese guida dell'Occidente, la percentuale di chi va alle urne è bassa. Persino Obama, che pure ha spinto per la prima volta al voto molti elettori finora disinteressati, è stato in fin dei conti votato da una minoranza. Ma ci sono segnali che, in realtà, l'Europa si va facendo largo nel subconscio degli europei."

**Il voto, però, è il momento più alto della democrazia. Ed è vero che è in calo dappertutto. In Italia, per esempio, le percentuali di votanti superiori all'80 per cento sono ormai un ricordo del passato. La media oscilla tra il 60 e il 70 per cento, quando va bene.**

"La democrazia è difficoltosa. Ma, senza ripetere la celebre frase di Churchill il cui concetto è che la democrazia è imperfetta ma è il sistema meno peggiore che ci sia, è un errore non accorgersi che il processo di "continentalizzazione" è avviato e non può essere fermato. Limitarsi a un giudizio, ormai risaputo, della scarsa legittimazione delle istituzioni comunitarie quale causa della disaffezione significa non inquadrare la questione nell'ambito, ben più ampio, della eccezionalità dell'attuale corso internazionale. È vero che la generale crisi economica può avere dato l'impressione di una fragilità del sistema di integrazione sopranazionale europeo facendo pensare che l'azione di contenimento dei contraccolpi della crisi sia stata di fatto demandata ai singoli governi. Ma non è così. Il ruolo della Banca centrale europea, per dirne una, è ormai insostituibile e sta sempre più mettendo in secondo piano quello delle singole Banche centrali. Piuttosto, a proposito di Churchill, mi sembra interessante notare che tra i politologi europei comincia a farsi strada l'idea che, come ha scritto recentemente Ulrich Beck, sociologo e scrittore tedesco, docente di Sociologia presso la Ludwig Maximilians Universität di Monaco, "per rifondare l'Europa c'è bisogno di un nuovo Churchill." Perché "ciascuna nazione, da sola, è condannata all' insignificanza globale."

**Il che ci porta alla glocalizzazione, cioè il vivere la globalizzazione senza perdere la centralità locale. La disaffezione al voto non è segno di una chiusura—o paura—delle comunità locali verso un ampliamento visto come eccessivo?**

"A parte i fenomeni di etno-fobia e di più o meno velato razzismo, che sono vistosi in termini mediatici ma minoritari in termini di numeri reali, è proprio la glocalizzazione a spingere alla nascita di un nuovo concetto rafforzato di Europa. Agganciarsi, nella logica di un processo glocal, all'azione politica delle istituzioni comunitarie è una prospettiva su cui Bruxelles deve investire. Dando così una risposta di lungo termine a quello che, altrimenti, potrebbe semplicisticamente essere visto come un inatteso revival degli Stati nazionali. Del resto la stessa Lega, all'apparenza fortemente anti-europea, finisce con il rivolgersi a Bruxelles: il ministro degli Interni Roberto Maroni, che è un esponente della Lega Nord, ha chiesto all'Europa di aiutare l'Italia nei respingimenti degli immigrati illegali. Una cosa, insomma, sono gli umori. Un'altra, i fatti."

**E gli Italici? Come si pongono di fronte all'Europa?**

"Dovrebbero riflettere su quanto sta succedendo nell'Unione. Per loro, forse più che per altri, è una grande occasione. Per la loro storia, per la loro presenza diffusa in ogni Paese, hanno la possibilità più di altre comunità di scegliere e indicare la propria appartenenza transnazionale. È necessario però che essi compiano un passo in avanti di consapevolezza di chi sono e che cosa rappresentano in Europa e nel mondo.

All'interno dell'Unione europea, l'italicità può svolgere un ruolo di ponte fra civiltà diverse e distinte, grazie all'apertura, alla differenza e al pluralismo delle appartenenze. Sono valori legati alle specificità della storia italiana, che è una storia di città, di identità locali, di debole e tardiva statualità nazionale unitaria. Credo che sia utile riflettere su come le diverse identità dell'Europa, e fra queste quella italica, possano portare il loro specifico contributo, dialogare, confrontarsi fra loro, attraverso la conoscenza e il riconoscimento reciproci."

**Insomma: un nuovo modo di vivere la politica dell'Europa unita?**

"Sì. Dobbiamo batterci perché questa attenzione non sia strumentale solo a interessi politici nazionali—del tipo: procurarsi un serbatoio di voti per elezioni di carattere nazionale. La domanda da porsi è: che ruolo, nell'ambito di questa politica continentale, potrebbero avere gli Italici? Senz'altro quello di portatori del gusto e della tradizione italiana: in ambito culturale, sociale, del costume e, perché no, anche della cucina. Ma anche quello di alfieri, appunto, della pluriapparteneza, visto che noi Italici di appartenenze, avendo girato per il mondo ed essendoci insediati ai quattro angoli della Terra, ne abbiamo accumulate parecchie. Perché allora non pensare all'italicità come a quel novum di esperienze condivise e plurali da proporre come esempio agli altri popoli europei in procinto di diventare veramente tali?"

*Capitolo 3*

## LA CRISI DEI MASSIMI SISTEMI:
## UN'OPPORTUNITÀ ITALICA

**Il G8, come sempre, riempie ogni anno le pagine politiche, econo-
miche e dei commenti dei giornali. Ma, ogni volta, non riesce a non
dare la sensazione che sia una passerella dei "soliti" potenti. Che i veri
problemi siano altri e non vengano affrontati.**

Certo! Perché, essendo un'istituzione, il G8 e gli altri G tendono a
esistere e a dare risposte all'interno dei parametri sui quali si sono
costituite. Ma trascendono i problemi veri, che toccano la gente: inqui-
namento, CO2, energia, riscaldamento, migrazioni, comunicazioni, mobilità, lavoro. Queste istituzioni tendono, per modernizzarsi, a inventare
un nuovo modo di relazionarsi tra loro: sempre meno sovranità, sempre
più accordi. I vari G—quindi non solo il G8 (cioè America e Occidente)
ma anche il G20 (America e paesi avanzati) o il G2 (cioè Usa e Cina),
sono l'espressione di questo tentativo. Intendiamoci: questo, in sé, è un
fatto positivo. Ma la vera richiesta è il confrontarsi con la gente. E alle
nuove integrazioni della globalizzazione gli Stati arrivano in maniera
diversa, tendono cioè ad arrivarci per vie diplomatiche, cioè attraverso
accordi formali. I popoli, invece, puntano a fare nuove identità: se ne
hanno una che li accomuna al di là delle bandiere nazionali, come nel
caso della italicità o della italoamericanità, usano questa.

**Istituzioni sovranazionali, quindi. Già superate o quanto meno in
affanno e sempre meno in contatto con le constituencies. Come si
salda la frattura?**

Con la glocalizzazione. Che vuol dire: saper vivere la globalizzazione a livello locale. Il che significa: fine dei confini e del loro ruolo,
nuovo modo di organizzare i rapporti politici tra istituzioni e individui.

Ovvero, nascita di nuove soggettività politiche, nuove polis, nuovi modi per affrontare oggi l'ordine mondiale coi suoi problemi di spazi, ambiente, convivenza, città, mobilità dell'informazione con la nuova dimensione del web. In sostanza, la glocalizzazione non tocca soltanto i rapporti tra gli stati ma direttamente i nuovi popoli: anglossasioni, europei, asiatici eccetera.

**Quindi, i popoli—come li chiami—come possono trarre vantaggio dal G8 o dagli altri G e capirne lo svolgimento?**

Innanzitutto capendo che i G sono una modalità per tentare di superare l'impatto della glocalizzazione che sta facendo saltare i confini, creando nuove dimensioni di polis e nuovi modi di affrontare i problemi, superando la vecchia tradizione diplomatica delle relazioni internazionali formalizzate. Ogni G è il tentativo di mettersi a cavallo tra il nazionale e il metanazionale.

**E per gli italiani, dov'è il vantaggio?**

Il G8 per noi può essere vissuto come occasione per affermare un nostro ruolo. E questo è quello che ci auguriamo sappia fare il nostro governo. Ma anche per saldare l'integrazione dell'Europa e dell'Occidente. E per contribuire alla soluzione dei problemi globali. Per esempio, potremmo vedere se con la Russia, tramite il G8, possiamo prepararci a far fronte comune per rispondere alle "domande" della Cina. Oppure, potremmo decidere di usare questi G come strumento per prepararci all'incontro col potere economico e commerciale crescente di paesi emergenti come India o Brasile. Quello che voglio dire è che dipende da noi: possiamo dare risposte "immediate" o a più lungo respiro.

**Ma c'è chi dice che questi siano tra gli ultimi G8 a cui parteciperanno Francia e Italia, presto sostituite da Brasile e India. O che, quanto meno, il G8 perderà di importanza rispetto al più ampio G20.**

E' giusta la seconda previsione. Il G8 è di fatto già superato. Ma qui c'è la differenza tra il modo di vedere le cose da parte dei media—che puntano a semplicazioni come questa—e il modo con il quale per esempio le vediamo noi, del think tank Globus et Locus. Al centro c'è la grande domanda: siamo di fronte a una crisi *nel* sistema o a una crisi *del* sistema. La risposta è che siamo di fronte a una crisi *del* sistema. Guarda la recente crisi internazionale economica: non si può dare tutta la colpa alle sole banche, ai finanzieri senza scrupoli, ai mega-bonus dei manager. La questione è politica, di necessità di nuove regolamentazioni. Il problema non è *nel* capitalismo ma *del* capitalismo e del bisogno di un nuovo ordine mondiale. Del resto tutte le cancellerie stanno già lavorando al di fuori dello schema G8. Ma è tutto l'apparato dei G che è in crisi.

**Ma da cosa verrebbero sostituiti?**

Da un nuovo mix di organizzazioni funzionali: da un intreccio di regolamentazioni prodotte da Fondo monetario internazionale, Wto, World Bank, nonché Federal Reserve, Banca centrale europea e banche nazionali. E di regolamentazioni prodotte da istituzioni basate sul territorio: stati, regioni, l'Ue o l'Asean. Alle quali si aggiungeranno le grandi agenzie ad hoc: per l'energia, il $CO_2$ e per le altre tematiche. E, in più, dalle nuove forme di relazioni interstatuali di cui l'Onu è stato, utopicamente, la prima intuizione.

**Ecco, le Nazioni Unite. Finora, nonostante le sue risoluzione siano per lo più disattese è pur sempre l'assise dove si va a portare le grandi questioni internazionali. Che fine farà l'Onu in questo nuovo ordine?**

Globus et Locus, in una prima fase, è entrata nel meccanismo Onu, con lo Staff College. Ma la mia convizione è che, oggi, l'Onu rimarrà, perché le trasformazioni non si fanno con la cancellazione dell'esistente ma con la creazione del nuovo. Ma servirà però come foro dove affrontare problemi tipo le pandemie o la legge del mare. Sarà, insomma, il luogo dove tutti gli Stati nazionali procederanno secondo il meccanismo di Westfalia (la pace firmata nel 1648 che inaugurò un nuovo ordine internazionale). Un sistema cioè in cui gli Stati si riconoscono tra loro proprio e solo in quanto Stati sovrani. L'Onu sarà la massima espressione di questo tipo di rapporti. Ma ora stanno nascendo tutte le nuove espressioni e esigenze dell'epoca della glocalizzazione. Che nascono dal basso e dovranno trovare risposte anche al di fuori del Palazzo di vetro.

**Quindi devono adeguarsi sia le istituzioni sia le persone?**

Sì. E per venire agli italiani la questione sarà: dobbiamo diventare europei o dobbiamo diventare italici? Tutti e due. Europei lo stiamo divenendo già. Anche se il passaporto europeo ce lo siamo trovati in tasca. Mentre per esempio gli svizzeri si sono battuti per secoli per avere il loro. Italici sta a noi saperlo diventare.

*Capitolo 4*

## MA CHI SONO VERAMENTE GLI ITALICI?

**Ormai ho chiaro che cosa intendi per italicità come sviluppo globale della italianità. E spero che siamo riusciti a farlo capire anche ai lettori. Ma ci sono già dei protagonisti della italicità?**

Per rispondere ti porterò a esempio un nome, peraltro facile da fare: Sergio Marchionne, amministratore delegato della Fiat. Lui, nato in Italia ma cresciuto in Canada e formatosi per sempre a una mentalità che definirei anglo-internazionale, come lo dobbiamo considerare? Semplicemente come un italiano all'estero che, attualmente, dirige un'azienda italiana? Oppure come un Nord Americano di origine italiana che ha salvato un'azienda ormai data per persa usando un'expertise anglosassone sconosciuta in Italia? O, invece, non è proprio il tipico caso di "italico, cioè di questa figura nuova non ancora registrata dalla politica e dalla intellighenzia italiana, uno che—senza nulla rinnegare del proprio vissuto ragiona in termini globali e, per dire, non avrebbe personalmente problemi a trasferire la Fiat a Detroit ? Almeno la metà dei protagonisti della italicità sono proprio persone come Marchionne. E credo che, per fare un altro esempio, anche tra i lettori di *America Oggi* ce ne siano molti.

**Contemporaneamente, però, in Italia—e per la verità anche altrove— si rafforzano movimenti, partiti e idee che, anche in chiave anti-globalista, tendono a rafforzare le realtà locali, a chiuderle in difesa dalle contaminazioni delle crescenti migrazioni. Per la prima volta, alla Lega Nord, per anni unica espressione di questa tendenza, potrebbe affiancarsi una Lega Sud.**

Che sembra fatta a fotocopia di quella del Nord. E non a caso questo fermento è sopratutto registrabile in Sicilia che ha una grande e propria tradizione politica, centrata sull'oggettivo rifiuto del Risorgimento, cioè della occupazione piemontese. Larga parte degli italiani, soprattutto del Sud, che sono emigrati lo hanno fatto sì per ragioni economiche ma anche, magari senza esplicitarlo nemmeno a se stessi, in contrasto con un modello di italianità che era stato imposto dall'alto. Si direbbe che la Storia, implacabile, a cento anni di distanza stia presentando ora il conto. Era quanto già anticipavo in *L'Italia si è rotta*, un libro che ho scritto nel 1995. Oggi personaggi come il "governatore" della Sicilia, Raffaele Lombardo, con il suo progetto di Lega Sud stanno avviando proprio questo processo.

**Ma è un fatto positivo?**

Capisco che si possano avere dei dubbi. Gli americo-italiani, per dire, che finora si sono abituati a guardare all'Italia in un determinato modo possono pensare—come le altre persone di origine italiana che vivono all'estero—che si tratti di una rottura, di una frattura traumatica, con il passato. Secondo me, qualche segno positivo invece c'è. E te lo spiego subito ricordando il sottotitolo di quel mio libro del 1995 che citavo prima, e che recita: "Per un federalismo europeo." Perché, oggi che stanno tramontando i vecchi schemi, i confini e gli ideologismi su cui si è retta la storia europea negli ultimi secoli, la nuova sfida per tutti noi europei è quella della costruzione della dimensione europea. Qualcuno comincia a capirlo. In un recente colloquio ho verificato che piace molto anche al Presidente della Repubblica, Giorgio Napolitano. Ed è una sfida che interessa anche gli americo-europei.

**In che senso? Non è questione interna all'Italia o, semmai, all'Europa?**

Se dobbiamo trovare—e dobbiamo riuscirci—un nuovo equilibrio, anche culturale e civile, tra il lascito storico europeo e il lascito storico americano questo va trovato nel dialogo tra l'Europa e l'America. Un dialogo che non può essere lasciato alle singole nazioni. Perché non è pensabile che questo rapporto, da parte europea, venga declinato in 27 modalità diverse, quanti sono attualmente i paesi che compongono l'Unione. Del resto, se pensiamo agli americo-italiani ci rendiamo conto che hanno vissuto l'esperienza della costruzione degli Stati Uniti in modi diversi ma anche, per certi versi, simili. Portando la loro specificità, così come hanno fatto gli americo-irlandesi, gli americo-polacchi eccetera, ma anche in nuce il loro essere europei.

**E questo ha a che vedere con quanto sta succedendo in Italia?**

Se quanto sta succedendo in Italia fosse il preludio di un adattamento serio e tempestivo alla sfida del glocalismo—che postula che i "loci" della politica, del sociale, dell'economia, della cultura non possono più essere gli stati nazionali, bensì aree sub-nazionali—e questo articolarsi fosse finalizzato alla costruzione di un'Europa federale, secondo un modello realizzato dalla Svizzera, bé allora potremmo guardare a fenomeni come quello della Lega Nord con occhi diversi. Capendo perché è "sbagliata" pur avendo qualcosa di giusto nelle proprie motivazioni.

**Dov'è che la Lega Nord è "sbagliata"?**

Perché propone il padanismo secondo parametri regressivi e arroccati. Mentre dovrebbe farlo secondo uno spirito progressista.

**E questo modello del Nord non rischia di far partire con il piede sbagliato anche un'eventuale Lega Sud?**

Diciamo che non serve un Partito del Sud che nasca soltanto per essere una lobby di pressione sul governo centrale di Roma. Che, insomma, punti a garantire che Roma continui a fare da tramite, per esempio, al trasferimento verso il Mezzogiorno dei soldi e dei finanziamenti dei settentrionali. Si tratta invece di ritrovare le componenti di forza, come quelle del Rinascimento, che avevano fatto grandi città e realtà come Napoli e la Sicilia. Oggi, con nuove modalità, queste componenti si ripropongono.

**Ma un movimento meridionale non potrebbe finire con l'ingigantire e consolidare alcuni aspetti negativi del Mezzogiorno?**

Stai pensando alla mafia, giusto? Al riguardo ti invito alla rilettura del *Gattopardo* di Tomasi di Lampedusa. Risulta evidente che un grosso contributo allo sviluppo della mafia sia venuto non dall'interno ma dalla reazione locale alla occupazione piemontese.

**E l'America che interesse può avere a rapportarsi in questo modo con l'Europa?**

Innanzitutto l'Europa dovrebbe utilizzare in positivo i rapporti che ci sono tra la Sicilia e la East Coast degli Stati Uniti, tra l'Irlanda e larghe aree degli Stati Uniti. Quello che abbiamo davanti è un quadro geopolitico di grandissimo interesse, un futuro ineluttabile. In cui il ruolo degli americo-italiani diventa centrale. Sia nella conferma di quanto acquisito negli ultimi cento anni sia nella revisione e impostazione di nuovi valori. Alcuni, all'apparenza, possono anche sembrare solo formali. Penso, per esempio, al discorso che abbiamo iniziato con il gruppo di studio di *i-Italy* per una "revisione" del Columbus Day che, senza rinnegare la tradizione e il passato, si aggiorni alla nuova realtà della glocalizzazione. L'arrivo degli italiani a Ellis Island va riletto in chiave moderna. Così come va riletto il viaggio di Colombo. La sua scoperta ha generato negli Stati Uniti, merito certamente degli inglesi (nessuno lo nega), cose ben diverse da quanto è accaduto in America Latina, dove i conquistadores spagnoli si sono comportati diversamente. E non a caso in America Latina la figura di Colombo è vissuta con minor simpatia.

**Torniamo agli americo-italiani. Che cosa devono pensare, in questo momento, dell'Italia?**

Ti dico quello che penso io, sapendo che corro il rischio di non essere capito. L'Italia è un Paese pieno di problemi. Ma sono tutti problemi che definirei storicamente datati "giusti," cioè con una loro ragione. Ma sono anche, nessuno escluso, pieni di futuro. Per esempio— e qui vorrei essere davvero compreso—il nostro Presidente del Consiglio, che non esalto certo, ha intuito venti anni fa che il potere dalla politica è passato ai media. Su questa intuizione è diventato capo del governo. Da capo del governo ha capito che questa posizione conta ben poco, che quello che conta è piacere. Poi ha capito che gli Stati nazionali sono finiti. In questa ottica, quando l'Italia evidenzia alcune sue possibili fratture in realtà si dimostra un Paese moderno. Mentre la Francia, che insiste sulla sua monolitica unità, non lo è. Poi ha anche capito che i partiti ideologici sono finiti, da qui la nascita della Lega Nord e, ora, del tentativo della Lega Sud. Infine, non ha una visione dell'Europa come fine a cui tendere ma come strumento transitorio, di passaggio verso la costruzione del nuovo ordine mondiale. Si tratta, lo capisco, di anticipazioni (che abbiamo fatto anche noi di Globus et Locus in maniera diversa) che per certi versi sono spiazzanti. Ma che stiamo vedendo nei fatti. L'Italia ha rilanciato a livello internazionale alcune delle stagioni migliori della nostra storia, a cominciare dal Rinascimento. E ha riempito il mondo del design italiano, della visione ottimistica e positiva della vita secondo l'Italian way of life. Se ci sta riuscendo è perché, in maniera non a tutti compensibile, è moderna.

*Capitolo 5*

## Senza Donne, Niente Successo

**Parliamo di donne. Altrimenti, parlando di italici come abbiamo fatto finora, sembra che i protagonisti di questa "gens nova" siano soprattutto gli uomini.**

E, invece, non è così. Le donne, sappiamo, sono il motore del nucleo centrale e fondante di ogni e più diverso sistema sociale: la famiglia. Lo sono sia da protagoniste sempre più emergenti, come sta avvenendo in Occidente, sia da succubi, alle dipendenze di un maschio e di un meccanismo maschio-centrico che nel Terzo Mondo ma anche in larga parte del Secondo le tiene, o pensa di tenerle, in posizione di inferiorità. In realtà, in un caso e nell'altro, è su di loro che poggia tutto. Ne sono convinto, tant'è che stiamo per integrare nell'attività di Globus et Locus quella del *Centro Altreitalie* della Fondazione Giovanni Agnelli. Diretto da Maddalena Tirabassi, questo centro ha sviluppato negli anni una riflessione approfondita sul tema delle migrazioni italiane tra cui, in particolare, quella delle donne. Coinvolgendo, tra l'altro, studiose americo-italiane di primissimo piano, come la storica Donna Gabaccia, autrice di numerosi saggi sul fenomeno migratorio. Dal lavoro comune che stiamo facendo emerge chiaramente l'importanza delle donne nella gestione delle trasformazioni sociali, culturali, economiche provocate dalle migrazioni e, contemporaneamente, il loro ruolo nella difesa e attaccamento alle tradizioni.

**Ma questi due momenti non sono contraddittori?**

No, al contrario. Quando si parla di migranti si pensa istintivamente al maschile. Sia, in passato, agli uomini che sbarcavano a Ellis Island da soli o, magari, anche la moglie al seguito ma in secondo piano. Sia, oggi, quando vediamo i barconi dei disperati attraccare malamente sulle spiagge di Lampedusa, cercando di arrivare in Italia e nella "ricca" Europa; anche su queste barche ci sono delle donne ma "fanno notizia" non tanto da sole quanto nel caso siano madri con uno o più figli al seguito. È un errore che, per primi, commettono i mass media. Invece le donne sono state e sono strumentali in un processo globale molto più complesso. Sono loro che favoriscono e consentono che gli uomini emigrati, per esempio nelle Americhe, diventino sì americani, ma lo diventino mantenendo vivo nel loro quadro culturale gran parte dei valori—incarnati anche nelle tradizioni—del Paese e della cultura di provenienza. E questo è tanto più vero in una civilizzazione come quella italica che, sviluppandosi da quella italiana, è di fatto un po' matriarcale. Non dimentichiamo una figura decisiva come la "resdora," presente con diversi nomi e sfumature in tutte le nostre realtà contadine soprattutto del Centro Nord. E, nelle comunità italiane all'estero, il ruolo delle donne come "amministratrici della ricchezza familiare" è un fatto abbastanza comune.

**I mutati rapporti tra uomo e donna, tuttora in fase di cambiamento, riguardano anche l'emigrazione e, più in generale, l'integrazione di questa nella globalizzazione?**

Sì. E, pure in questo caso, devono essere i mass media a farlo capire. Penso, per esempio, a un giornale come *America Oggi* che ci ospita: deve avere presente che i protagonisti, se ci saranno, della costruzione della italicità e della perfetta integrazione americo-italiana sono e saranno molto probabilmente e sempre di più anche ... protagoniste. Cioè, donne. Lo sono state nella fase dell'emigrazione alla Ellis Island, per intenderci. Lo saranno nella nuova emigrazione che comporta la nascita di nuovi popoli, di nuove aggregazioni come quella italica. Quando si affronta questo tipo di riflessioni, si tende prevalentemente a fare un discorso al maschile. Il quadro che viene dipinto è, più o meno il seguente: il migrante, se è sopravvissuto alle avventure dell'ingresso nel paese "ricco," dapprima va da illegale a raccogliere i pomodori in qualche campo del Sud; poi, magari, riesce a fare il salto trovando impiego in una qualche impresa di pulizia del Nord; per finire con l'aprire una sua piccola attività e registrandosi presso la locale Camera di Commercio. E così, quello che sistematicamente viene trascurato è il problema delle donne al seguito o anche da sole, basta pensare all'esercito delle badanti che si prendono cura degli anziani occidentali che i figli non hanno il tempo o la voglia di accudire. Invece, basta guardare a quanto è avvenuto con l'emigrazione italiana in America: nessuno più delle donne è stato il vero protagonista—culturale, psicologico—della gestione della integrazione.

**Dimenticare le donne, insomma, significa non capire come si evolvono le società. Soprattutto in questa stagione di inarrestabile mobilità.**

E proprio gli americo-italiani devono riflettere su ciò. Perché non c'è dubbio che la "traiettoria" percorsa dalle donne italiane in America sia molto diversa da quella seguita dalle donne italiane in Italia. Se c'è una categoria di italici che può insegnare agli italiani come affrontare immigrazione, mobilità e adattamento questa sono gli americo-italiani. A cominciare dalle donne. Nessuno meglio di loro è titolato ad insegnare alle persone, alle famiglie, agli studenti, ai giovani, ai lavoratori, agli studiosi dei diritti civili e di difesa della persona quali sono le sfide della glocalizzazione. Paradossalmente la mobilità aumenta il peso delle donne nella adattabilità a società dove sempre più conta la pluriappartenenza. Se ci si affida solo alle esperienze e alla riflessioni dei maschi non si va da nessuna parte. Forse se il capitalismo sta attraversando la crisi che sappiamo è anche perché è un capitalismo che è stato fatto dai maschi e per i maschi. Non credo che le donne lo avrebbero realizzato così. In America le donne di origine italiana, per fare un piccolo esempio, sono state capaci nei momenti di crisi economica di rinunciare alla dote, che veniva ritenuta un caposaldo contrattuale. Nella crisi sono le donne, come dice la Tirabassi, a mantenere la famiglia. E, così facendo, salvaguardano e tramandano le tradizioni, come quelle tutt'altro che secondarie, della cucina. Ma, allo stesso tempo, sono capaci di adattarsi alle nuove situazioni, di modernizzarsi.

**Come?**

Pensa alla religione. La donna in America abbandona la visione superstiziosa della religione: è lei a far cambiare il vecchio schema, meridionale ma non soltanto, della donna che va in Chiesa e dell'uomo che resta fuori, sul sagrato o al bar. O pensa alla politica: le donne sono passate dal ruolo di protagoniste, attive o passive, del vecchio concetto di beneficenza a quello di protagoniste, ancora una volta attive o passive, della ben più importante politica del welfare. O pensa all'arte: artiste e attrici hanno avuto un ruolo importante nell'emigrazione. Insomma, le donne sono il motore dell'adattamento della memoria all'innovazione.

**Non pensi che le donne abbiano anche delle responsabilità al negativo nel loro essere indubbiamente il motore e la cassaforte dei valori della tradizione? Oramai è risaputo, per fare un esempio, che se nella Mafia spetta ai maschi il compito apparentemente più attivo, sono le donne a vigilare sull'andamento della Famiglia, ad assicurare il mantenimento delle vecchie regole e dei valori a torto o a ragione ritenuti tradizionali.**

Recentemente la Tirabassi mi ha ricordato che nel *Padrino* le donne sono inserite totalmente nella logica della Famiglia, con la effe maiuscola. Ma alla tua domanda risponderò prendendola un po' più da lontano. Secondo me, e non solo secondo me, la Mafia e, in generale, la criminalità organizzata è—o ha—una tecnologia di organizzazione del potere che, piaccia o no, è tragicamente più efficiente dello Stato liberal-democratico e dello Stato di diritto. In una società glocalizzata e fondata sulla massmediaticità, il sistema giuridico liberale su cui noi siamo cresciuti trova grosse difficoltà: mi spiace dirlo ma, aimé, il "familismo amorale" è troppo spesso vincente. È una mia triste convinzione. Ti dirò una cosa su cui vorrei non essere equivocato. Quando gli italiani sono emigrati negli Stati Uniti, e come loro i cinesi e gli altri popoli con forti picchi di emigrazione, hanno concesso alla donna molto più potere, anche nel sistema "mafioso," di quanto nell'ordinamento formale lo conceda la democrazia americana che pure è la più avanzata al mondo. Ma, per vederla al positivo, questa è un'altra delle sfide che ci attendono: il gestire la congiunzione tra la tradizione antropologica e culturale del mondo anglosassone e protestante con quella italica. Trovando il modo di non cadere nella "mafiosità," per dirla in modo spiccio. Ma anche evitando di costruire un nuovo modello sì futuro e moderno ma che però, nuovamente, corre il rischio di essere maschilista.

*Capitolo 6*

## Intanto, i Giovani Hanno Già Capito

**Finora, parlando di glocalizzazione e di italicità, ne abbiamo sottolineato le rispettive peculiarità e individuato alcuni dei protagonisti, dai politici alle donne. Ma credo che i giovani, più di altri, siano la categoria veramente interessata. Perché si tratta del loro futuro, che forse è già il presente.**

Sì, è vero. Abbiamo visto che nel glocalismo, cioè nella nuova realtà fatta di spazi globali declinati in ambito locale, il modo di stabilire le relazioni ha smesso, in tutto o in parte, di essere territoriale o semplicemente localizzato nelle aree geografiche tradizionali. Questo, sappiamo, lo si deve all'enorme influenza dei mezzi di informazione e di comunicazione che arrivano dappertutto, influenzando e per certi versi omogeneizzando usi, costumi e scelte esistenziali. E questo è particolarmente vero per i giovani che di questi mezzi si servono con una tranquillità e un'efficacia superiore a quella degli adulti. Per loro non si tratta di marasma informativo: in rete ci vanno "per essere." Le loro scelte, quindi, sono importanti sia perché avvengono nell'età della formazione sia perché saranno loro i prossimi adulti, responsabili dell'armonico sviluppo della società. Oggi, soprattutto per quel che riguarda i giovani, il contesto di riferimento è il mondo globale. La rete internazionale di amici che un giovane del Duemila è in grado di crearsi—con i programmi di studio come l'Erasmus, con i viaggi di piacere grazie ai voli low cost ma anche semplicemente navigando in rete e usando email, chat, blog o le videochiamate di Skype—è qualcosa di formidabile.

**E il mondo cosiddetto adulto è in grado di soddisfarli?**

Dovrà farlo, per forza. E in parte ha iniziato. Penso all'associazionismo giovanile: dagli oratori, agli scout, ai gruppi sportivi. È tutto un sistema che si è indubbiamente rinnovato, offrendo occasioni oltre frontiera: i raduni internazionali, le gare, gli incontri si svolgono ormai in Paesi lontani. E un'istituzione come le Chiesa lo ha capito: le Giornate mondiali della gioventù a cui partecipa il Papa, l'ultima in Australia, raccolgono migliaia di ragazzi da ogni parte del mondo. È un movimento globale in continua crescita, che ancora deve aggiustarsi e che richiede alle diverse associazioni giovanili una necessaria riorganizzazione: perché sono i loro associati a mettere per primi in crisi le strutture esistenti, chiedendo che siano più flessibili e trovino nuove dinamiche di aggregazione. Il rischio, altrimenti, è che i giovani rinuncino a farne parte, considerandole non più in grado di adeguarsi ai loro bisogni. La globalizzazione è inarrestabile. Globale, per esempio, è anche la fonte di intrattenimento che accomuna e caratterizza i giovani di ogni continente. Al punto che molti analisti definiscono la società glocale una società, oltre che di servizi, anche dell'intrattenimento: il cosiddetto *infotainment*.

**A me sembra, però, che i giovani se hanno assimilato senza difficoltà questi nuovi strumenti, abbiano delle difficoltà. Non tanto a relazionarsi in un mondo glocale quanto a essere rinchiusi o schedati anche in realtà e parametri molto più ampi e liberi di quelli sui quali siamo cresciuti noi della generazione precedente. Anche l'italicità, che è un andare oltre l'italianità, potrebbe stare stretta. I giovani, insomma, che già oggi tendono a superare l'identità nazionale, non puntano anche a superare le identità metanazionali o di pluriappartenza come è l'italicità?**

È vero anche questo. Sono convinto che tra i giovani ci sia questa tendenza. Ma, allo stesso tempo, riscontro in loro anche la tendenza opposta, come è peraltro nella logica del glocalismo. Mi spiego: i giovani, oggi, puntano a un cosmopolitismo totale ma anche, molte volte, a un localismo totale. Hanno sempre meno il senso del confine ma li vediamo spesso impegnati in atteggiamenti che, in fondo, sono di difesa del "piccolo è bello," di quello che considerano il loro territorio. Persino il rifugio a oltranza nel nido familiare di origine—modello i "bamboccioni" di cui parlava l'ex ministro dell'Economia Tommaso Padoa Schioppa—è una difesa dal cosmopolitismo che mette ansia. Le reazioni di rigetto del giovane sono numerose: rifiuto dell'altro e del diverso da sé, ghettizzazione più o meno volontaria all'interno di bande giovanili, razzismo, eccetera.

**E come se ne esce?**

Innanzitutto capendo che cosa è il cosmopolitismo. Che, come dice il sociologo tedesco Ulrich Beck nel suo *La società cosmopolita*, è "senso del mondo, senso della mancanza di confini, uno sguardo quotidiano, vigile, sulla storia, riflessivo." Uno sguardo che "nasce in un contesto in cui confini, distinzioni e contraddizioni culturali svaniscono. Esso non mostra soltanto la lacerazione, ma anche la possibilità di organizzare in una cornice culturale multietnica la propria vita e il vivere insieme."

**Ecco: "lacerazione," hai detto. Il rischio, per i giovani nel mondo globalizzato o anche nella sua versione glocale, non è quello di ritrovarsi con una identità lacerata?**

La globalità e tutto ciò che essa comporta può far paura al giovane, certo. Soprattutto se è sprovvisto di quello specifico senso cosmopolita descritto da Beck. O se non si riconosce in quella serie di pluriappartenenze di cui parla un altro studioso, il premio Nobel Amartya Sen (sono italiano, ma anche italico, o americano o europeo) che implicano tolleranza, clima di reciprocità e assenza di politiche culturali aggressive. Il giovane deve cioè superare—e essere aiutato a superare—le reazioni di incomprensione che possono nascere e nascono dall'incontro-scontro con modi di vita e di civiltà diverse che gli arrivano fino a casa sull'onda, per esempio, delle emigrazioni. Ma gli esempi sono anche più banali: se un prodotto di marca consente al giovane di avvicinarsi ai coetanei di tutto il mondo, il diritto-dovere che ne consegue di imparare la lingua globale per eccellenza nel mondo reale e in quello virtuale, cioè l'inglese, può provocargli sia curiosità sia paura.

**Molti giovani, però, rifiutano questa visione, compresa quella della predominanza dell'inglese. La paura, cioè, è che globalizzazione significhi omogeneizzazione con la perdita dei propri valori tradizionali.**

La vita civile si arricchisce dalle diversità e dal confronto. Di questo sono fermamente convinto. Ma questo non significa, non me lo augurerei mai, che la società globale debba comportare l'integrazione totale. Essere in un insieme unico e indistinguibile farebbe paura anche a me, oltre a essere obiettivamente difficile da realizzare. Quello che penso è altro. Prendi ad esempio il G2, i colloqui tra Usa e Cina che preoccupano gli altri partner internazionali. Sono certo che il mondo del futuro ruoterà attorno alla dialettica tra America e Cina e, più in generale, tra Occidente e Oriente. Ma non verrà fuori un "pasticcio." Semmai i due pensieri si integreranno in uno scambio e una dialettica reciproci.

**Ma in questo nuovo sistema globale o anche solo bipolare, un progetto come quello della italicità non rischia di essere schiacciato e di non avere appeal sui giovani?**

Sì: il pericolo ci può essere. Ma dobbiamo lavorare perché i giovani si rendano conto che non possono abbandonare ogni ricerca di identità e di appartenenza. E se sono convinti che le vecchie appartenenze nazionali e nazionalistiche sono superate, allora bisogna che ritrovino —accanto a quelle localistiche che, secondo me, stanno già cercando e anche troppo—anche appartenenze che li avvicinino al cosmopolitismo. E l'italicità è proprio la risposta in questa direzione. Non è una nuova cittadinanza. Non è un atto sleale degli italici nei confronti dei Paesi in cui risiedono. Non postula lo sradicamento. Postula, invece, l'adesione a un complesso e ricchissimo sistema di valori metanazionali. Propone, soprattutto ai giovani, un'appartenenza aggiuntiva che non è né esclusiva né escludente. È uno strumento per trovare, all'interno della dialettica tra globale e locale, nuove appartenenze; per affrontare le nuove sfide tra i sistemi di valori che le differenti civilizzazioni stanno mettendo sul piatto. Un piatto a cui, per la prima volta, tutti possono accostarsi. Anche solo usando un computer in rete.

**C'è chi lo chiama caos. Il che spiega la paura e il risorgere di nazionalismi o pseudo nazionalismi con connotazioni escludenti per non dire razziste. Che hanno presa sui giovani.**

Ti rispondo citando due personaggi molto diversi. Uno cattolico e uno laico. Il cardinale di Milano, Dionigi Tettamanzi, parlando recentemente proprio ai giovani ha detto che "il mondo che si integra chiede di poterlo fare nel rispetto e nella valorizzazione delle identità locali: non sarà il grigiore della omogeneizzazione a entusiarmarci. Lo farà, piuttosto, il grande caleidoscopio delle nostre storie e delle nostre culture, dilatato a dimensione di pianeta e illuminato dall'apporto di ogni frammento." E il sociologo tedesco Zygmunt Bauman, nel suo *Globalizzazione e glocalizzazione*, profetizza che questa nuova identità "si adatta al mondo in cui l'arte di dimenticare è un pregio non meno importante, se non di più, del memorizzare: in cui il dimenticare, piuttosto che l'apprendere, è la condizione di un continuo adattamento; in cui cose e persone sempre nuove entrano ed escono dal campo visivo."

*Capitolo 7*

## ALLA RICERCA DI NUOVE STATUALITÁ

**La questione dei rapporti tra globalizzazione e statualità sta salendo prepotentemente alla ribalta. La cronaca italiana riporta episodi che confermano una debolezza strutturale dello Stato. Per dirne una: le crescenti richieste della Lega Nord assieme alla ventilata nascita di una Lega Sud o, comunque, di un movimento meridionale. Ma i casi da citare sono tanti altri. Ecco, quindi, la domanda: un Paese che ha problemi di controllo del proprio territorio, delle sue istituzioni e persino di alcune parti della sua società come può pensare di confluire in maniera forte in una nuova dimensione metanazionale, molto più ampia e competitiva?**

Cioè, come mettere d'accordo globalizzazione con nazionalità? È vero: le strutture statuali italiane, sia quelle centrali sia quelle periferiche, non sono mai state forti. E, oggi più che mai, stanno mostrando la loro fragilità. Anche a non voler parlare della "pochezza" del dibattito e del confronto politico che pure caratterizza questa stagione, gli episodi recenti e concreti sono molti: la spazzatura a Napoli e in altre città del Sud, che i media stranieri hanno riportato con grande enfasi; i barconi dei clandestini respinti in mare, contro ogni spirito cristiano di accoglienza; il calo del commercio estero che sta mettendo in difficoltà il Made in Italy; la cronica arretratezza economica e finanziaria del Sud, dove le banche continuano ad essere praticamente assenti e quindi non forniscono capitali per investimenti, eccetera. Anche il terremoto dell'Aquila ha contribuito al malessere. Ma in questa situazione difficile non siamo certo soli. La globalizzazione sta irrompendo all'interno di tutte le frontiere. Soltanto Paesi fortemente in controllo della totalità del proprio territorio—geografico, economico, sociale—possono pensare di affrontare le sfide della globalizzazione continuando a governare da un centro che, spesso, è molto lontano dalle periferie. Ma non ne vedo tanti, di Paesi così.

**L'Italia, però, ha un problema di identità nazionale tutto suo. Non nuovo certo. È quasi banale ricordare la celebre frase di Massimo d'Azeglio: "L'Italia è fatta, ora facciamo gli italiani." Auspicio che non è mai diventato realtà. Sono passati quasi due secoli e, all'improvviso, la crisi di identità nazionale appare più forte che mai.**

Sono un uomo del Nord e capisco i motivi che sollecitano e solleticano parti della società e della politica lombarda e settentrionale a spinte centrifughe, che oggi si stanno estendendo al Sud. Ma sono convinto che ciò non significhi che l'Italia non voglia rimanere e sentirsi unita. Solo che questa unità va ricercata in modelli e valenze diversi da quelli che ci hanno insegnato i libri di scuola. Perché non si dice mai, per esempio, che ben prima del Risorgimento c'erano idee e una comune cultura che già univano i "divisi" italiani? La cultura del Rinascimento, per esempio. E forse anche quella della straordinaria stagione precedente: il secolo dei Dante, Petrarca, Boccaccio. Certo, questo tipo di appartenenza e di unità è più vaga e apparentemente ha un minor collante rispetto a quello della tradizionale cittadinanza. Ma, a ben guardare, è in realtà più profonda, proprio perché è costruita attorno a un calderone, un melting pot di valori—e anche, certo, di disvalori che però contribuiscono pure loro a fare comunità e identità—creatisi in secoli di storia comune. Una storia che i confini e le dogane degli statarelli pre-unitari non erano riusciti a frantumare. Ecco perché dico che le "sparate" di alcuni politici del Nord o anche quelle più recenti di altri del Sud vanno storicamente lette soltanto come un rovesciamento dell'approccio che ci è stato insegnato finora. Non quindi: sentirsi italiani prima che settentrionali o meridionali. Bensì l'opposto: sentirsi italiani dopo che ci si è potuti sentire pienamente settentrionali o meridionali.

**Ma oggi che i flussi migratori, legali e illegali, stanno cambiando per sempre il volto e la composizione dei paesi ricchi, tra i quali c'è l'Italia, non è limitante il volersi sentirsi settentrionali o meridionali sia pure per, poi, riconoscersi italiani?**

No, non è limitante. Perché anche i tanti figli di immigrati, la cosiddetta G2 o Generazione Due—di origine asiatica, africana, magrebina o est europea—seguono lo stesso percorso. Sanno e sentono di essere di una provenienza non italiana. Ma, poi, si riconoscono in quella italiana. Perché frequentano le scuole italiane, mangiano—magari non a casa—il cibo italiano, frequentano amici italiani e con loro fanno le stesse cose e hanno gli stessi comportamenti e modelli giovanili. E tifano per le squadre italiane. Un caso per tutti, eclatante e che spiega bene: la "nazionale" azzurra dei giovanissimi giocatori di cricket che ha vinto i campionati europei Under 15. Si tratta di uno sport che non è certamente della tradizione italiana ma di quella asiatica di derivazione anglosassone. E i giovani campioncini hanno tutti, tranne uno credo, nomi e cognomi asiatici: pakistani, indiani eccetera. Ma sono nati e/o cresciuti in Italia, per lo più nel Nord. Tant'è che parlano italiano con vari accenti padani. E, al momento della premiazione, hanno cantato convinti l'Inno di Mameli. È proprio questo, se vogliamo, il nocciolo del discorso che facciamo sulla "italicità." Che, ripeto—perché lo abbiamo già detto in continuazione—riguarda non soltanto chi vive nel territorio italiano ma anche quelli che stanno fuori e che di italiano hanno solo l'ascendenza. Guarda, per esempio, i militari e funzionari americani di origine italiana che, nel 1943, sbarcarono in Italia al servizio e con il passaporto di un'altra cittadinanza. Non ebbero mai alcuna tentazione di diserzione né mai, giustamente, pensarono di stare tradendo. Ma erano e sono italici.

**Sì, ma questa tradizione culturale comune può bastare? Come la si utilizza politicamente per aggregare la nuova comunità degli italici?**

Questa è la vera sfida. Noi pensiamo che per farlo si debba farlo "dal basso." Le aggregazioni non possono essere imposte. Meno che mai in questa era di globalizzazione e di frontiere sempre più aperte, anche contro la volontà dei governanti. Una partenza dal basso, oggi, è quella elettronica. Il web si sta rivelando la vera risposta politica e democratica di questa era. E, per venire alla italicità, basta che tu pensi ai tanti siti in rete che affrontano l'italicità nei modi a loro più consoni. Magari nascono individualmente, per esigenze locali anzi glocali. Ma poi, lo stiamo vedendo, finiscono per l'entrare in contatto tra loro. E a non poter più fare finta che gli altri non ci sono. Se non altro, sono gli stessi motori di ricerca che alle parole "Italia," o "italicità" e via dicendo li accomunano, li mettono a confronto e li spingono verso l'aggregazione. Di cui non possono non tenere conto. Questi strumenti di localismo che emergono e vanno a porsi su uno stesso piano sono l'humus di una nuova politica. Così come, per dire, la passione per la cucina italiana è anch'essa un aggregante, altrettanto lo sono le nuove istituzioni che, non collocate in Italia ma fuori, sono però italiche perché di italicità si occupano. Un esempio fra tutti, ma ce ne sono tanti: il Calandra Institute di New York, le cui lezioni e incontri si svolgono a New York ma ne possiamo essere a conoscenza tutti, grazie a internet. E da qui allo stimolare interventi di altri italici, per esempio dall'Australia, il passo è rapidissimo. Perché in rete non ci sono distanze. E' di questo che la politica deve occuparsi. Perché è attraverso queste nuove realtà e istituzioni che sempre più passano i grandi temi: della pace, dei rapporti internazionali, del dialogo tra le culture, del positivo confronto tra le religioni. E' una realtà in emersione che pochi politici hanno ancora capito. Per tornare agli italici, la loro aggregazione dà vita a un soggetto politico nuovo, non limitato ai confini nazionali. E, inevitabilmente, richiede una nuova statualità. E' evidente che la statualità corrisponde sempre alle finalità politiche che una singola comunità si pone. E' sempre successo in passato con la nascita di nuove nazioni, come quella statunitense, ma anche quella francese, italiana eccetera. E, a livelli più ampi, il discorso è lo stesso se si guarda alla nascita delle civilizzazioni transnazionali come quella anglosassone o ispanica.

**E come sarà questa nuova statualità italica? Sarà innanzittutto virtuale, o almeno in parte visto che si forma partendo dalla rete anche se non solo?**

Sì, ma il punto non è tanto questo. Sarà una statualità del tutto diversa da quella che questo termine ha finora espresso. Certo, non si svilupperà sul territorio fisico come è avvenuto finora. Ma nemmeno sull'uso della violenza come strumento per affermare se stessa. Si svilupperà, invece, su una serie di poli attrattivi. In primo luogo: la comunicazione, lo scambio di informazioni, lo scambio di servizi. E poi si svilupperà sull'associazionismo finalizzato alla realizzazione di compiti e/o interessi comuni. Quindi, proprio per la diversità sia del nuovo "territorio" sia delle finalità, è chiaro che l'aggregazione non avverrà dall'alto, sotto la spinta e il controllo di uno Stato o di una istituzione centrale e centralizzante. Anche il modello Onu, per dire, non va più bene. Il collante più "esterno" che ci potrà essere sarà quello delle reti già esistenti: le reti regionali e di linguaggio/dialetto ma, anche, le reti di eventi associativi—culturali, economici, di stili, di cucina e pure di tradizioni folcloristiche che, al di là di quanto si possa pensare, sono invece importanti ai fini dell'aggregazione e del sentirsi parte di una comunità. Pensa al Columbus Day, per esempio: non è certo soltanto una parata sulla Quinta Avenue. Un collante per questa nuova comunità—non solo quella italica, in questo caso—verrà anche da quelle che chiamo le "funzioni" : l'impegno verso il clima, il miglior utilizzo dell'acqua, la lotta alla fame, la gestione delle nuove mobilità. I politici che capiranno tutto questo avranno davanti degli anni davvero stimolanti.

## FAMILISMO AMORALE:
## COME SUPERARE UN VECCHIO PROBLEMA

**In alcune delle nostre conversazioni hai accennato al fatto che l'ita-
licità è fatta sia di valori sia di disvalori. Come per qualsiasi altra
aggregazione e comunità transnazionale—anglosassone, ispanica,
ebraica, cinese e via dicendo—valori e disvalori sono interconnessi e
inscindibili fra loro. Finiranno quindi con l'entrare insieme gli uni e
gli altri nella globalizzazione?**

Sì. Perché l'italicità è tenuta insieme da un set di valori, di tradizioni,
di "modi" di essere, di guardare al mondo e di affrontarlo. E tra questi è
indubbio che ci siano anche dei disvalori. Il principale dei quali è il
cosiddetto "familismo amorale," che proprio esaminando il caso Italia il
ricercatore del Mit Robert Putnam individuò già nel 1993 nel suo
*Making Democracy work*, sulla base di una intuizione di 35 anni prima del
sociologo Edward Banfield. Familismo amorale significa, in parole semplici, che invece di una corretta partecipazione al processo democratico
che favorirebbe l'intera collettività, si privilegia il favore ai propri fa-
miliari. E per farlo si finisce con il ricorrere spesso a corruzione, clien-
telismo e altri comportamenti contrari alla legge. Due sono le conseguenze più importanti che derivano dal familismo amorale. Primo: la
priorità data al privato sul pubblico, quello che è stato definito un
"limitato senso civico" tipico di un certo modo di sentire italiano.
Secondo e, forse, più grave ancora: la propensione a stabilire rapporti
sulla base di solidarietà di tipo familistico. Il tutto ha origini e spie-
gazioni lontane. Il privilegiare la loyalty inter-amicale o familiale rispetto a quella verso le istituzioni è insito nella cultura italiana. Se tuo
fratello commette un reato, nel modo di pensare italiano il desiderio di
proteggerlo piuttosto che il dovere di denunciarlo è più istintivo che in

altre culture. E' questo che ha prodotto il problema della "mafiosità." La matrice di fondo della mafia è proprio qui: nel poter contare su questa loyalty familistica assoluta che non è sottoposta alla legge degli altri ma a regole che contrastano con i criteri fondamentali della democrazia e dello Stato di diritto.

**Al di là degli ovvi giudizi negativi sul fenomeno, questo "modo di essere" non può non avere delle ragioni e delle origini storiche. Si è sempre detto che nasce dalla sfiducia nei confronti di uno Stato, quello risorgimentale, imposto con la forza.**

Sì. Ma una teoria che mi convince di più è quella antropologica. Parte da più lontano e ha a che vedere con la cultura mediterranea in generale, non solo quella italiana. Perché la mafiosità, intesa come difesa verso l'esterno usando come strumenti la familialità e l'amicalità, non è certo solo italiana. Pensa, per fare un solo esempio, a quella ebraica. Il fenomeno, in realtà, risale molto indietro nei secoli: qualcuno ha detto che risale addirittura ai fenici che, per i loro viaggi e per diffondere la propria cultura avevano bisogno di "andare insieme" nei nuovi territori, cioè con la complicità e la solidarietà dei gruppi più ristretti, cioè quello familiale e amicale. La cultura mediterranea sarebbe quindi molto particolare. Perché parte da un dono di natura: il clima. A differenza di quanto avviene nel Nord, la natura nel Mediterraneo è sempre stata sostanzialmente non ostile. Il che ha portato a sentire meno l'esigenza di aggregarsi nelle istituzioni più ampie e in grado di offrire una maggiore protezione collettiva, quali quelle dello Stato. La priorità aggregante nel Mediterraneo è stata di dimensioni geografiche più limitate, praticamente territoriale. Sostanzialmente il punto principale era di andare d'accordo con il vicino. L'istituzione è stata sempre vista come qualcosa "al di sopra," spesso imposta e quindi non immediatamente necessaria.

**Putnam, che hai citato prima, parlava di "familismo amorale" rife-rendosi soprattutto al Mezzogiorno d'Italia. Secondo la sua tesi la democrazia nell'Italia del Sud non può funzionare perché la gente antepone l'interesse familiare a quello della collettività. Mentre al Nord questo legame non esisterebbe o lo sarebbe in misura ridotta.**

Il Nord, non solo quello d'Italia, è da sempre messo a confronto con sfide diverse rispetto al Sud. La prima delle quali è, come dicevo, la natura. I lunghi mesi di freddo, il tipo di campagne spesso più difficili da coltivare, diversi incentivi alla socialità, hanno spinto il Nord a con-centrarsi su un diverso tipo di organizzazione sociale, in grado di offrire soluzioni più stabili e di lunga durata alle collettività. Putnam, svilup-pando le tesi di Banfield, sottolineava l'indice di civismo raggiunto dalle realtà comunali del Medioevo italiano, ovvero: governi che control-lavano realtà territorialmente piccole ma con popolazioni più o meno direttamente coinvolte nei processi decisionali e sostanzialmente ri-spettose della legge. All'opposto, nel Meridione le leggi erano imposte dall'alto e quindi il centro di potere statale era distante o, comunque, percepito come tale. Ma anche all'estero ci fu questa diversità. Gli inglesi, per esempio, costruirono una flotta potente che divenne una istituzione statale: perché il mare, soprattutto quel tipo di mare, richiede una notevole solidarietà collettiva, superiore a quella richiesta sulla terra. O si pensi alle lotte epiche degli olandesi per costruire le dighe. Anche in questo caso è stata un'intera collettività che si è mobilizzata. Nel Sud, invece, il tema esistenziale è sempre stato vissuto come la realizzazione di possibilità coltivate nella famiglia. Detto in altre parole: chi ha soprattutto problemi di difesa dall'ambiente esterno ha più necessità delle istituzioni di chi ha un problema di intrapren-denza individuale. Quindi, quando è emigrato, l'italiano ha portato con sè questo particolare tipo di approccio sociale. Arrivato in un paese del tutto nuovo e quindi in obiettive condizioni di difesa, l'italiano si è trovato di fronte alla scelta: chiudersi a riccio dentro casa oppure, dovendo per forza relazionarsi con il mondo esterno, farlo secondo le modalità che gli erano ancestralmente più consone, fondate quindi sui sistemi di valori familistici e amicali.

**Ovvero, per tornare alla mia prima domanda, l'italico entra nella globalizzazione portandosi—assieme alle cose belle—anche questo ... disvalore?**

Ti rispondo prendendola alla larga. Sono convinto che la convivenza nel mondo moderno tenda a premiare le reti "strette," come sono—al negativo—anche quelle della mafia, piuttosto che premiare quelle a maglie larghe tipiche dello Stato di diritto. Le prime sono libere dai formalismi mentre le seconde sono per loro natura "formalizzate." Vorrei essere capito: non sto certo parlando bene del familismo amorale e, men che meno, della sua derivazione mafiosa. Anzi. Sto solo dicendo che in questa epoca contemporanea la cronaca di tutti i giorni ci sta facendo vedere come, anche in paesi molto grandi e di solidissima democrazia, le reti strette—per esempio quelle dei servizi segreti— stiano sempre più confrontandosi con il sistema istituzionale e puntino a prevalere su di questo. In Italia è in corso da tempo la battaglia tra lo Stato con la sua struttura formale e quella che chiamiamo "mafia"—ma che non ha un confine regionale: pensa a *Gomorra*, il libro denuncia di Roberto Saviano sulla camorra, pensa alla questione della spazzatura a Napoli. Ed è meglio non chiedersi chi stia vincendo. Ma per venire alla tua domanda. La globalizzazione sta ribaltando i vecchi parametri. La "funzione" conta più del territorio, ovvero: le aggregazioni tendono a essere funzionali piuttosto che meramente territoriali. Si pensi alle "comunità di pratica," cioè quelle comunità che si formano intorno a un "fare insieme."

**Ma come si governano queste nuove aggregazioni? Non certo con i vecchi metodi...**

Si governano con le reti. La rete è più efficace della radialità, non si governa più dal centro. Le associazioni—di interessi, di business ma anche di piacere e uso del tempo libero—sono sempre più trasversali e prevalenti. La pluriappartenenza prevale sulla monoappartenenza. Lo Stato, tutti gli Stati, finora sono stati costruiti con il meccanismo escludente: se sei dentro questi confini sei italiano, se sei fuori non sei italiano. Oggi invece stiamo costruendo l'Europa in maniera ben più ampia, sulla pluriappartenenza.

**Spiega ancora che significa pluriappartenenza. Ci sono partiti e movimenti politici, non certo solo in Italia, che non ne vogliono sentir parlare.**

La pluriappartenenza è inevitabile. Per dire: uno è lombardo, quindi italiano, quindi europeo. Ormai viviamo in un mondo dove ognuno di noi è portatore di una pluralità di identità, ognuno appartiene a più di una dimensione aggregante, non solo in termini etnici, di nazionalità o di religione ma anche in termini di gusti, di cultura, di passioni, di interessi. Ebbene quello che dico—e, ripeto, vorrei essere capito—è che nel nuovo sistema mondiale che si sta delineando gli italici potranno essere avvantaggiati. Perché questo nuovo set di appartenenze multiple con il quale tutti dovremo fare i conti si integra e "sta insieme" più facilmente con il nuovo sistema di loyalties spontanee e autogenerantesi piuttosto che con un sistema, come è stato finora, di loyalties costruito o imposto dall'alto. Il mondo globalizzato, anzi quello glocalizzato, sarà un insieme di comunità, che saranno aggregate non più in base al vecchio criterio territoriale dei confini decisi dallo Stato-Nazione ma su connessioni che prescinderanno dai limiti geografici. E in questo, il modo di essere italico è avvantaggiato.

*Capitolo 9*

## RITI E SIMBOLI DI UNA NUOVA COMMUNITY

**L'italicità, come tutte le aggregazioni, ha bisogno di occasioni in cui
"riconoscersi insieme": eventi collettivi, feste, simboli. Nell'era della
globalizzazione, del superamento dei confini nazionali, i vecchi simboli rischiano di essere, appunto, vecchi. L'italicità, che è lo sviluppo
della italianità, che simboli potrà avere?**

La "festa" resterà sempre: è il momento di aggregazione nel quale la
gente si riconosce. L'idea di "festa" nel quale ritrovarsi tra simili è una
dimensione antropologica e culturale connaturata all'uomo. E non solo
a lui. Ci sono tante specie animali che hanno forme di ritualità. Quello
su cui, invece, penso che ci si debba interrogare è sul *senso* della festa.
Che, forse, in questo inizio del Terzo Millennio è cambiato o sta
cambiando. Mi si passi una battuta che non vuol essere blasfema: se un
tempo si facevano le feste in onore della Madonna, oggi si va ai mega
concerti dove canta la pop-star Madonna. La festa rock è ben diversa da
una processione, certo: ma tutte e due, ognuna a modo suo, sono feste. E
tutte e due hanno una propria specifica ritualità. La ritualità, che—
ripeto—è una modalità comune a tutte le feste, c'è sia tra la folla dei
fedeli davanti alla teca del sangue di San Gennaro sia nel gruppo urlante
delle teenagers ai piedi del palco dove si esibisce Bruce Springsteen. Due
eventi ben differenti, ma sempre di ritualità si tratta.

**Però concordi sul fatto che, se nel mondo si stanno creando nuove
aggregazioni meta-nazionali, ne consegue che queste cercheranno
nuovi simboli che li rappresentino. Eventi collettivi importanti finora, come per esempio il Columbus Day, che è probabilmente la principale "festa" della italianità nel mondo, dovranno aggiornarsi?**

Il Columbus Day è certamente una festa. Ma oggi dobbiamo chiederci: festa di chi? Qual'era la mentalità e lo spirito che ha dato vita alle celebrazioni del Columbus Day? Era quella del sottolineare e ricordare, cioè festeggiare, l'arrivo degli italiani a New York e in America. Colombo, per la verità, era tecnicamente sbarcato in un'isola dell'America Latina. Ma il ricordarlo e il rendergli omaggio, per i discendenti di coloro che erano sbarcati a Ellis Island è l'occasione per darsi un'identità. La domanda vera quindi non è se ha ancora *senso* il Columbus Day. La domanda è: la community che anni fa festeggiava il Columbus Day è ancora la stessa oppure è, invece, una community ormai diversa? Per me la risposta è indubbia: si tratta di una community diversa. Non sono più i neo-immigrati o i loro discendenti di prima generazione. La "festa" non è più tra gente, in questo caso italiani, che si ritrovano per mettere insieme le diverse esperienze del loro sbarco in una terra nuova, per raccontare le loro storie agli altri della community ma anche a quelli delle altre communities presenti nello stesso territorio. A questo riguardo non dimentichiamoci—e il fatto mi sembra molto positivo—che queste grandi celebrazioni "etniche" , dal Columbus Day al Saint Patrick'Day, sono ormai da tempo occasioni di festa per tutti, non solo per coloro che a rigor di logica ne avrebbero diritto per la vecchia appartenenza di passaporto. Ma per tornare alla questione: il Columbus Day e le celebrazioni simili sono le feste degli italo-americani o degli americo-italiani? Secondo me si tratta della festa di una comunità nuova rispetto a quella degli "sbarcati." E che vuole quindi affermare una propria identità nuova.

### E qual è questa identità?

Rispondo facendo ancora l'esempio del Columbus Day. Questa "festa" originariamente era quella degli immigrati italiani a New York. E New York era, in fondo, soltanto una città americana. Oggi, invece, è diventara la "prima Città del mondo." E questo ha cambiato le cose.

L'incontro degli "sbarcati" con una dimensione culturale come New York—e gli Stati Uniti in generale—si è sviluppato in qualcosa di diverso: perché New York non è più una terra lontana in cui gli emigranti che vi sbarcavano erano sì poveri ma provenivano comunque, e in molti ne erano consapevoli, da una realtà politica, sociale, culturale ed economica che nella propria area geografica era egemone. L'essere New York diventata la "la prima Città del mondo" ha radicalmente modificato anche loro e i loro discendenti. Sono cambiate le due polarità: la terra lontana, vista da chi vi arrivava come periferica, è diventata primaria, e quella di provenienza pur rimanendo nei ricordi e in alcune ritualità si è affievolita. Questo rovesciamento ha inserito gli—ormai ex—emigrati in una nuova dimensione aggregante. Che ha anche i suoi momenti difficili, di cui gli americo-italiani devono farsi carico pure loro come tutti gli altri americani.

**Cosa intendi per "momenti difficili"?**

La prendo alla lontana. Partiamo da Colombo. In alcuni ambienti politici e accademici la sua figura è oggetto di rilettura. C'è chi vede Colombo come "occupante" o come avanguardia degli occupanti. Per salvarlo da questa rilettura storica al negativo, bisogna recuperare il contributo di universalismo che ha dato agli americani. Occorre avere il coraggio di dire che il "recupero" di Colombo si fa se lo si legge alla rovescia: arrivando in America lui non ha portato l'Europa in America, bensì ha portato l'America nel mondo. E, se vogliamo, ha consentito agli americani di diventare "domini" del mondo. Con tutti i problemi, i sospetti e le difficoltà nelle relazioni internazionali che questa dominanza può comportare. E di cui gli americo-italiani si devono far carico per la loro parte. Perché l'America che va nel mondo ci va portando vari valori, tra cui c'è anche quello della italicità. Per dirne una: tra i principali estimatori e fruitori—e, quindi—divulgatori del Made in Italy, dell' amore per l'arte, per il gusto e per il sentire italico, ci sono proprio gli americani. E' una rilettura, mi rendo conto, che in un primo momento può sembrare ostica da assorbire. Ma che si comprende meglio partendo dal cosmopolitismo e dalla "pluriappartenenza." L'America, anzi: le Americhe, sono un classico esempio di pluriappartanza e di cosmopolitismo. E' qui, se vogliamo usare un altro termine, che si è realizzato il melting pot. E Colombo, per primo, era un "pluriappartenente": era un italiano, anzi prima ancora un genovese, che pur di realizzare il proprio convincimento si era messo sotto la bandiera spagnola. Ecco perché sono convinto che, per salvare Colombo da una rilettura storica che lo vedrebbe impopolare in quanto "occupante" o avanguardia degli occupanti, bisogna recuperare il contributo di universalismo che Colombo ha dato agli americani

**Colombo, quindi, resta un simbolo. E, con le dovute riletture, può esserlo anche per gli italici.**

Si tratta, come dicevo, di capire il nuovo *senso* da dargli. E da dare ai festeggiamenti in suo nome. Qual è la vocazione identitaria di chi fa e partecipa al Columbus Day? Coloro che sfilano lungo la Quinta Avenue lo fanno per ricordare l'Italia, visto tra l'altro che a questo tipo di manifestazioni vanno anche i politici italiani? Questa era la vecchia versione o lettura del Columbus Day. Oppure coloro che sfilano sono un pezzo di America che festeggia il suo modo attivo di "essere" in America? O, invece, e questa è la novità che si spiega con la glocalizzazione—la lettura locale della globalizzazione—coloro che sfilano sono lì per testimoniare l'incontro di americanità e di italianità che ha, appunto, contribuito a produrre l'italicità? In questo senso Colombo non è più impopolare: perché da rappresentante di una cultura occidentale intesa come oppressiva diventa profeta di globalizzazione. Nel Columbus Day credo, quindi, che non ci celebri più soltanto quello che gli italiani hanno fatto per l'America ma, piuttosto, quello che gli italiani assieme agli altri americani hanno fatto per il mondo. In questo caso penso che gli italiani abbiano ancora molto da dare agli americani per "animare" il mondo. Hanno l'italicità, cioè il "sentire" italico che quando è innervato nei muscoli potenti di New York e dell'America può fare quello che, a suo tempo, Colombo fece con i muscoli della Spagna. Il Columbus Day, insomma, e tutte le altre manifestazioni del genere sono eventi ancora "local," fermi a cento anni fa quando l'America per gli italiani era Ellis Island? Oppure sono maturi per diventare "global"?

*Capitolo 10*

## LA LINGUA DI DANTE E LA LINGUA ITALICA

**Alle nuove aggregazioni del mondo globale, i vecchi modelli culturali cominciano a stare stretti. Dalla letteratura all'arte la nuova cultura è fatta di pluriappartenenze che travalicano i vecchi confini. Bisogna, quindi, trovare nuovi riferimenti. Qual è il modello culturale italico?**

E' una domanda complessa. Innanzitutto: quale cultura? Quando si parla di cultura non bisogna pensare solo ai valori ma anche ai linguaggi che li esprimono. Compresi i gesti. La gestualità è fondamentale per il "riconoscimento" e l'appartenenza. Se all'estero si vede da lontano un italiano è probabile che gli altri italiani lo possano individuare dalla gestualità , prima ancora che dalle sue parole. Per rispondere alla domanda, comunque, partirei dalla italianità, cioè dallo "step" precedente alla italicità. L'italianità ruotava e ruota attorno a una serie di riferimenti moderni usciti dalla pace di Westfalia che, nel 1648, ridisegnò e codificò i confini d'Europa rimasti sostanzialmente inalterati fino ai giorni nostri. I riferimenti, sostanzialmente, erano: cittadinanza, lingua, religione, territorio. Messi insieme, componevano lo Stato nazionale come lo abbiamo conosciuto finora. Per l'Italia, elencando alla rinfusa e mettendo insieme "valori" e piani diversi, questo ha voluto dire: Rinascimento ma anche Chiesa di Roma ma anche Made in Italy. Questo modo culturale di concepire la vita "all'italiana," questa Italian way of life, è sempre stata riconosciuta all'estero come "italianità." Che si poneva sullo stesso livello delle altre appartenenze nazionali: francese, inglese, spagnola. Oguna delle quali difendeva saldamente la propria identità. Il territorio era una questione di confini: per piantare il paletto doganale in un posto piuttosto che in un altro si scatenavano guerre sanguinose. E la lingua, intesa come strumento non solo di riconoscibilità e appartenenza ma anche di potere, era un altro dei valori che facevano la differenza e venivano difesi per sottolineare questa differenza. Così come l'arte: la contrapposizone tra, poniamo, la pittura fiamminga e quella rinascimentale italiana non era solo un argomento da salotto. Insomma: nei secoli dopo Westfalia, anziché cercare punti di incontro e di fusione le Nazioni hanno sempre puntato i piedi per rimarcare le proprie specificità e unicità.

## Oggi, invece?

Oggi, invece, si impone una domanda. Possono altri "linguaggi," diversi cioè dalla "lingua" tradizionale, assumere un ruolo espressivo e di racconto dei nuovi valori transnazionali sui quali si stanno formando le nuove aggregazioni tra cui l'italicità? Per me la risposta è: "Sì." Partiamo proprio dalla lingua, cioè dallo strumento comunicativo di base. Per l'italianità—da Dante fino a Italo Calvino, passando per Boccaccio, Petrarca, Manzoni eccetera—la lingua era solo e soltanto l'italiano. Una lingua rigorosa, pulita, emendata per quanto possibile da contaminazioni come anglismi e francesismi e costantemente "risciacquata in Arno." Invece la lingua della italicità, cioè dell'aggregazione che va "oltre" l'italianità, è tutt'altro. L'italicità, infatti, per esprimersi non esige per forza l'italiano. Va benissimo l'inglese, lingua sempre più universale. O vanno bene le altre lingue locali dove l'italicità sta andando a radicarsi. Per fare un esempio gastronomico: la cucina italiana, ormai, può essere cucinata tanto in Italia quanto all'estero, e all'estero la situazione non cambia se i commensali parlano non l'italiano ma la lingua locale: si tratta sempre di cucina italiana anche se magari rivisitata dai gusti locali. Fuor di metafora: la capacità espressiva italica la si cerca e la si trova sia in Calvino sia in Don De Lillo o John Fante o Donna Gabaccia per fare esempi di scrittori americani di discendenza italiana. Ormai, insomma, c'è un linguaggio "italico" che non è la lingua italiana.

**Ma che cos'è che accomuna gli italici nel loro nuovo guardare all'arte, alla cultura?**

Il non guardare e raffrontarsi con il mondo e, in questo caso, con la cultura partendo sempre dalla ricerca di elementi stilistici di "purezza" italiana contrapposta alla "purezza" di altri linguaggi nazionali. I linguaggi globali, ormai, interagiscono e si fondono tra loro. Dando vita a espressioni e stilemi glocali. Molti italici sono lettori e osservatori che non conoscono l'italiano bensì l'inglese, oppure lo spagnolo o il francese. E gli scrittori, come gli altri artisti, sono la riprova di questa novità. John Fante, che scriveva in inglese, ha un modo di vedere e di raccontare il mondo che va letto e assimilato in inglese. Questa visione metanazionale comincia ad essere capita dalle "antenne" più sensibili. Non a caso Globus et Locus , su invito della Fondazione Agnelli, sta integrando nella propria attività il centro di ricerche conosciuto negli Usa come il torinese Altreitalie, diretto da Maddalena Tirabassi, che indaga tra l'altro sui problemi che si ponevano all'italiano che emigrava, raffrontandoli a quelli di un americo-italiano. Quest'ultimo, se è uno scrittore o comunque un artista che vuole esprimersi, deve scegliere: esprimersi in italiano o in inglese? Sceglie una terza strada: essere percepito da entrambe i mondi. Quindi, elabora quasi senza volere degli stilemi che sono meta-nazionali.

**È un processo ancora agli albori o si cominciano a individuare i primi stilemi comuni della cultura italica?**

Mi convince molto il suggerimento di Fred Gardaphé, professore di studi italoamericani a New York. Il quale, partendo dal familismo tipico della italianità—in questo caso un familismo vitale, non quello amorale di cui abbiamo già parlato e che degenera in fenomeni di mafiosità—sostiene che gli emigranti italiani nel mondo hanno in comune, nel loro nuovo aggregarsi, il privilegiare i luoghi urbani e i piccoli spazi di quartiere. C'è una tendenza costante alla urbanità affollata, vista e vissuta da vicino. Nei film dei cineasti italoamericani, da Scorsese a Coppola a Michael Cimino o nei libri degli scrittori italoamericani ma anche anche italofrancesi o italoqualcosaltro, raramente lo scenario di fondo è il grande spazio. Ci si muove nell'ambito della famiglia, degli amici, del quartiere, La meditazione sui grandi spazi, sui temi dello sconosciuto e del mistero e i panorami immensi della natura non rientrano, almeno per ora, nell'humus culturale della italicità.

**Uno scrittore come Don De Lillo ripete sempre che lui non solo non si sente italiano—e fin qui lo si può capire—ma anche che nulla nella sua scrittura origina dalla italianità dei suoi genitori. Si considera soltanto uno scrittore americano.**

De Lillo ha tutta la nostra solidarietà e comprensione. Ma credo che non si offenderebbe? affatto se la Tirabassi o qualche altro studioso riscontrasse, in una esegesi stilistica, che nel suo linguaggio espressivo ci sono stilemi e riferimenti che sono di chiara riconducibilità a una cultura italica. Sottolineo: italica, non italiana. Il suo modo di esprimersi non può e non deve essere lo stesso di Calvino. Insomma, credo che se a De Lillo chiedessimo se si sente italiano anche a noi risponderebbe di no, come ha già fatto. Ma dovrebbe dare una risposta diversa se gli domandassimo, prove alla mano, se si sente italico. La stessa risposta la darebbe Francesco Borromini, celebre architetto italo-svizzero del Seicento. Per difendere la sua cittadinanza svizzera avrebbe detto che "no" non si sente italiano. Ma italico, sì. In conclusione, per tornare ai nostri tempi: la nostra proposta di un "contenitore" italico trascende e supera il dilemma che fa soffrire De Lillo e con lui tutti i giovani della Generazione Due e anche della Generazione Tre.

**Oggi la cultura è sempre più internazionale. Autori cinesi vengono tradotti in tutte le lingue. Mostre ed eventi fanno conoscere le opere di artisti di tutto il mondo a un pubblico dall'altra parte del pianeta. A**

**questo mondo sempre più globalizzato che cosa può portare la cultura italica?**

Cioè: in che maniera la cultura italica si posiziona tra le culture del mondo? Lo sta facendo in maniera moderna e giusta. Come le altre culture, si sta sganciando dalle sue origini e dai riferimenti tradizionali per trovare nuovi ancoraggi valoriali. Cito un esempio: che cos'è la anglosassonia? Siamo tutti consapevoli che un australiano è anglosassone, ma non diciamo certo che un australiano è inglese. La cultura anglosassone ha indubbiamente molto di "british" ma, in Australia, risente anche molto dell'influsso aborigeno. Lo stesso vale per la cultura ispanica. E' per questo che possiamo dire che c'è una cultura italica che si candida a prendere il suo posto nella globalizzazione: partendo dai valori italiani ma fondendoli nella nuova aggregazione dei differenti glocalismi dove si ancora. E qui si apre il discorso dei dialetti.

**Cioè?**

Stiamo assistendo, in campo linguistico ma anche culturale, a un doppio percorso apparentemente contrastante. Da una parte c'è una "ascesa" dal nazionale verso il globale, dall'altra c'è una indubbia rivalutazione e rivisitazione del dialetto. E questo vale non solo in Italia. I brasiliani di origine italiana che parlano "taliano" hanno la loro matrice culturale non tanto in Italia quanto nel Veneto. E via dicendo: gli italiani che emigravano per lo più non sapevano o non parlavano italiano ma il dialetto delle regioni di provenienza. Tutto questo permette di recuperare una dimensione culturale e di aggregazione che a Globus et Locus teniamo in grande considerazione. Noi siamo convinti che la dialettica tra dialetti e dimensioni politiche sia in atto da sempre. La storia della lingua italiana è la storia del passagio del dialetto toscano a lingua nazionale. Se il toscano Dante fu il primo ad usare il "volgare," il milanese Manzoni—che parlava milanese—si impose di imparare a scrivere in italiano. E scrisse I promessi sposi. Portando anche lui una parte del suo localismo, in questo caso la milanesità, nella nuova aggregazione italiana. E' lo stesso meccanismo, ampliato su scala globale, che sta avvenendo ora.

### È il successo del multiculturalismo?

No: del pluriculturalismo. Che è cosa diversa dal multiculturalismo. Il multiculturalismo è un accostamento di culture. È fine a se stesso, non porta a sviluppi. Il pluriculturalismo, invece, è "cultura plurale": in continua e proficua evoluzione.

# PIERO BASSETTI

Piero Bassetti, milanese, è da anni considerato il padre ideale della italicità, cioè di quel network transnazionale che accomuna italiani, ticinesi, oriundi, italofoni e italofili. Un network che comincia a riconoscersi e a comunicare. E che Bassetti, iniziò a individuare quando intuì la potenzialità delle Camere di commercio italiane all'estero. Un insieme di realtà molto vitali ma fino ad allora operanti ognuna nel limitato ambito territoriale di competenza e che lui, negli anni in cui è stato presidente della loro associazione, ha messo in rete e fatto dialogare per la prima volta fra di loro. Partendo dalla convinzione che un'aggregazione si può fare soltanto iniziando dal basso, *bottom up*, e non imponendola *top down*, cioè dall'alto.

Altro caposaldo del suo complesso pensiero politico è la glocalizzazione, cioè l'adeguamento del sempre più allargato panorama della globalizzazione alle realtà locali, così da studiare meglio le loro relazioni con le istituzioni e le nuove emergenti realtà internazionali. Il concetto di glocalizzazione assume che il fondamento della società in ogni epoca, anche nella attuale sempre più globalizzata, è stata ed è la comunità locale. Assumere un'ottica glocale vuol dire pensare gli attori e i processi alla luce dell'intreccio, ormai indissolubile, fra luogo e globo. E, allo stesso tempo, sapere che non ci sono flussi globali che non siano in misura crescente declinati secondo le diverse e molteplici particolarità dei luoghi. Questo doppio processo di localizzazione dei flussi e di globalizzazione dei luoghi è multidimensionale (riguarda non solo l'economia, ma l'informazione, la cultura, le istituzioni ecc.), pervasivo (entra in ogni dove, riguarda in misura crescente la totalità dell' esistenza umana) e configura una nuova fenomenologia e una nuova cosmologia, da ripensare e rileggere. Come tale ha dato anche luogo a un Manifesto dei glocalisti (www.glocalisti.org).

Presidente di Globus et Locus, associazione di istituzioni che si prefigge di analizare le conseguenze della glocalizzazione sulla vita politica e sulle istituzioni (www.globusetlocus.org), Piero Bassetti dopo *Italici* (Casagrande Editore e Bordighera Press, 2008), ha pubblicato su *America Oggi*, il quotidiano italiano della East Coast statunitense, una serie di colloqui su questi temi. Frutto di nuovo delle interviste con Niccolò d'Aquino, giornalista che è nato e ha vissuto e lavorato a lungo all'estero, vengono ora raccolte in queste *Lezioni italiche*.

*VIA* FOLIOS
*A refereed book series dedicated to Italian studies and the culture of Italian Americans in North America.*

Grace Cavalieri & Sabine Pescarelli, eds.
**The Poet's Cookbook**
Vol. 61, Poetry & Cookbook, $8.00

EMANUIEL DI PASQUALE
*Siciliana*
Vol. 60, Poetry, $8.00

Natalia Costa-Zalessow, Ed.
**Francesca Turini Bufalini:**
**Autobiographical Poems**
Vol. 59, Poetry, $20.00

RICHARD VETERE
*Baroque*
Vol. 58, Fiction, $18.00

LEWIS TURCO
*La Famiglia/The Family*
Vol. 57, Memior, $15.00

NICK JAMES MILETI
**The Unscrupulous**
Vol. 56, Art Criticism, $20.00

PIERO BASSETTI
*Italici*
Vol. 55, Essay, $8.00

GIOSE RIMANELLI
**The Three-Legged One**
Vol. 54, Fiction, $15.00

CHARLES KLOPP
**Bele Antiche Stòrie**
Vol. 53, Criticism, $25.00

JOSEPH RICAPITO
**Second Wave**
Vol. 52, Poetry, $12.00

GARY MORMINO
**Italians in Florida**
Vol. 51, History, $15.00

GIANFRANCO ANGELUCCI
*Federico F.*
Vol. 50, Fiction, $16.00

ANTHONY VALERIO
**The Little Sailor**
Vol. 49, Memoir, $9.00

ROSS TALARICO
**The Reptilian Interludes**
Vol. 48, Poetry, $15.00

RACHEL GUIDO DEVRIES
**Teeny Tiny Tino**
Vol. 47, Children's Lit., $6.00

EMANUEL DIPASQUALE
**Writing Anew**
Vol. 46, Poetry, $15.00

MARIA FAMÀ
**Looking for Cover**
Vol. 45, Poetry, $15.00 / CD, $6.00

ANTHONY VALERIO
**Tony Cade Bambara's One Sicilian Night**
Vol. 44, Memoir, $10.00

EMANUEL CARNEVALI
DENNIS BARONE, ED. & AFTERWORD
**Furnished Rooms**
Vol. 43, Poetry, $14.00

BRENT ADKINS, ET.AL
**Shifting Borders**
Vol. 42, Cultural Criticism, $18.00

GEORGE GUIDA
**Low Italian**
Vol. 41, Poetry, $11.00

GARDAPHÉ, GIORDANO, AND TAMBURRI
**Introducing Italian Americana: Generalities**
**on Literature and Film**
Vol. 40, Criticism $10.00

DANIELA GIOSEFFI
**Blood Autumn/Autunno di sangue**
Vol. 39, Poetry, $15.00/$25.00

FRED MISURELLA
**Lies to Live by**
Vol. 38, Stories, $15.00

STEVEN BELLUSCIO
**Constructing a Bibliography**
Vol. 37, Italian Americana, $15.00

Published by BORDIGHERA, INC., an independently owned not-for-profit scholarly organization that has no legal affiliation to the University of Central Florida or the John D. Calandra Italian American Institute, Queens College, City University of New York.

ANTHONY JULIAN TAMBURRI, ED.
*Italian Cultural Studies 2002*
Vol. 36, Essays, $18.00

BEA TUSIANI
*con amore*
Vol. 35, Memoir, $19.00

FLAVIA BRIZIO-SKOV, ED.
*Reconstructing Societies in the
Aftermath of War*
Vol. 34, History/Cultural Studies, $30.00

A.J. TAMBURRI et al
*Italian Cultural Studies 2001*
Vol. 33, Essays, $18.00

ELIZABETH GIOVANNAMESSINA, ED.
*In Our Own Voices*
Vol. 32, Ital. Amer. Studies, $25.00

STANISLAO G. PUGLIESE
*Desperate Inscriptions*
Vol. 31, History, $12.00

HOSTERT & TAMBURRI, EDS.
*Screening Ethnicity*
Vol. 30, Ital. Amer. Culture, $25.00

G. PARATI & B. LAWTON, EDS.
*Italian Cultural Studies*
Vol. 29, Essays, $18.00

HELEN BAROLINI
*More Italian Hours & Other Stories*
Vol. 28, Fiction, $16.00

FRANCO NASI, ed.
*Intorno alla Via Emilia*
Vol. 27, Culture, $16.00

ARTHUR L. CLEMENTS
*The Book of Madness and Love*
Vol. 26, Poetry, $10.00

JOHN CASEY, ET AL.
*Imagining Humanity*
Vol. 25, Interdisciplinary Studies, $18.00

ROBERT LIMA
*Sardinia • Sardegna*
Vol. 24, Poetry, $10.00

DANIELA GIOSEFFI
*Going On*
Vol. 23, Poetry, $10.00

ROSS TALARICO
*The Journey Home*
Vol. 22, Poetry, $12.00

EMANUEL diPASQUALE
*The Silver Lake Love Poems*
Vol. 21, Poetry, $7.00

JOSEPH TUSIANI
*Ethnicity*
Vol. 20, Selected Poetry, $12.00

JENNIFER LAGIER
*Second Class Citizen*
Vol. 19, Poetry, $8.00

FELIX STEFANILE
*The Country of Absence*
Vol. 18, Poetry, $9.00

PHILIP CANNISTRARO
*Blackshirts*
Vol. 17, History, $12.00

LUIGI RUSTICHELLI, ED.
*Seminario sul racconto*
Vol. 16, Narrativa, $10.00

LEWIS TURCO
*Shaking the Family Tree*
Vol. 15, Poetry, $9.00

LUIGI RUSTICHELLI, ED.
*Seminario sulla drammaturgia*
Vol. 14, Theater/Essays, $10.00

FRED L. GARDAPHÈ
*Moustache Pete is Dead!*
Vol. 13, Oral literature, $10.00

JONE GAILLARD CORSI
*Il libretto d'autore, 1860–1930*
Vol. 12, Criticism, $17.00

HELEN BAROLINI
*Chiaroscuro: Essays of Identity*
Vol. 11, Essays, $15.00

T. Picarazzi & W. Feinstein, eds.
*An African Harlequin in Milan*
Vol. 10, Theater/Essays, $15.00

Joseph Ricapito
*Florentine Streets and Other Poems*
Vol. 9, Poetry, $9.00

Fred Misurella
*Short Time*
Vol. 8, Novella, $7.00

Ned Condini
*Quartettsatz*
Vol. 7, Poetry, $7.00

A. J. Tamburri, ed. M. J. Bona, introd.
*Fuori: Essays by Italian/American Lesbians and Gays*
Vol. 6, Essays, $10.00

Antonio Gramsci
P. Verdicchio, trans. & introd.
*The Southern Question*
Vol. 5, Social Criticism, $5.00

Daniela Gioseffi
*Word Wounds and Water Flowers*
Vol. 4, Poetry, $8.00

Wiley Feinstein
*Humility's Deceit: Calvino Reading Ariosto Reading Calvino*
Vol. 3, Criticism, $10.00

Paolo A. Giordano, ed.
*Joseph Tusiani: Poet, Translator, Humanist*
Vol. 2, Criticism, $25.00

Robert Viscusi
*Oration Upon the Most Recent Death of Christopher Columbus*
Vol. 1, Poetry, $3.00

www.ingramcontent.com/pod-product-compliance
Lightning Source LLC
Chambersburg PA
CBHW022114280326
41933CB00007B/392